Otfried Höffe

Den Staat braucht selbst ein Volk von Teufeln

Philosophische Versuche zur Rechts- und Staatsethik

Philipp Reclam jun. Stuttgart

Hermann Krings
zum 75. Geburtstag

Universal-Bibliothek Nr. 8507 [2]

Gesamtherstellung: Reclam, Ditzingen. Printed in Germany 1988

ISBN 3-15-008507-1

Inhalt

Vorbemerkung

Vielfach als Privatsache abgetan, ist die Moral in Wahrheit nicht nur für unser persönliches Leben zuständig. Denn nach ihrem kritischen, nicht konventionellen Begriff verstehen wir unter der Moral eine Form, die menschliche Praxis zu beurteilen. Im Rahmen der verschiedenen Bewertungsstufen handelt es sich bei der Moral sogar um die höchste, nicht lediglich technische oder pragmatische Bewertung der Praxis. Nun hat die Praxis nicht nur eine persönliche Seite. Sie besteht auch nicht bloß zusätzlich aus jenem komplexen Netz privater Beziehungen, das wir gelegentlich schon »Gesellschaft« nennen. Die Praxis hat wesentlich institutionellen Charakter; und im Rahmen der Institutionen kommt eine besondere Bedeutung jener Institution zweiter Stufe zu, die die Institutionen erster Stufe umgreift und normiert: der Rechts- und Staatsordnung. Die darauf bezogene Moral nennen wir die Rechts- und Staatsmoral, ihre philosophische Untersuchung die Rechts- und Staatsethik.

Früher gehörte die Rechts- und Staatsethik zu den selbstverständlichen Aufgaben der Philosophie sowie der Rechts- und Staatswissenschaften. Etwa seit Mitte des 19. Jahrhunderts geht zunächst die Selbstverständlichkeit, dann die Rechts- und Staatsethik selbst verloren. Die folgenden Beiträge wollen einer Rehabilitierung der Rechts- und Staatsethik dienen. Gegen eine solche Rehabilitierung erhebt sich leicht der Verdacht, sie wolle die Politik moralisieren und damit jene Errungenschaft der neuzeitlichen Rechts- und Staatsentwicklung preisgeben, nach der aus den öffentlichen Angelegenheiten ein Bereich ausgegrenzt wurde, der aller staatlichen Verfügung entzogen bleibt und der als Privatbereich jeden Individuums einen Raum persönlicher Freiheit darstellt.

Bei näherer Betrachtung fächert sich dieser Einwand in verschiedene Teileinwände auf. Ich nenne hier nur einen: jene These einer Trennung von Recht und Moral, wie sie von seiten des Rechtspositivismus vertreten wird. Sofern man unter der Trennung lediglich die begriffliche Unterscheidung zweier Sozialphänomene versteht, des positiven Rechts von der konventionellen Moral, kann man der Trennungsthese problemlos zustimmen. Aber wenn in der Rechts- und Staatsethik die öffentlichen Angelegenheiten auf die Moral verpflichtet werden, so geht es nicht um die konventionelle, sondern um die kritische Moral. Die Rechts- und Staatsethik richtet sich deshalb nicht gegen die begriffsanalytische Form des Rechtspositivismus. Sie verwirft allein jene strenge dezisionistische und tendentiell absolutistische Version, die die Rechts- und Staatsverhältnisse ganz dem »Kampf um Macht« überlassen will. Zwar ist die Rechts- und Staatsethik nicht so realitätsblind, daß sie alle Aspekte von Macht leugnen wollte. Aber aus der Tatsache, vielleicht sogar Notwendigkeit von Macht in der Politik folgt nicht, daß die moralische Beurteilung sinnlos sei: die Rechtfertigung oder aber Kritik politischer Macht.

Im übrigen wird die moralische Beurteilung an die Rechts- und Staatsverhältnisse nicht von außen herangetragen. Sie ist ihnen vielmehr in gewisser Weise immanent. Denn ob wir politische Kritik üben, ob wir gegen Unrecht protestieren oder aber eine legitime Rechts- und Staatsordnung frei anerkennen: in all diesen Fällen werfen wir die Frage auf, ob die gegebenen politischen Verhältnisse auch gut und richtig seien. Und diese Frage nach dem Guten und Richtigen beschränken wir nicht auf die Angemessenheit an beliebige Ziele oder Zwecke. Wir geben uns auch nicht mit dem Wohlergehen von Minderheiten oder Mehrheiten zufrieden. Wir beanspruchen ein darüber hinausgehendes, ein moralisches Gutsein.

Die moralische Beurteilung von Recht und Staat kann in unterschiedlicher Radikalität erfolgen. Entsprechend gibt es verschiedene Stufen einer Rechts- und Staatsethik. Nachdem ich andernorts konkretere Fragen behandelt habe, steht in den hier versammelten Beiträgen eine radikale Rechts- und

Staatsethik zur Diskussion. Dazu gehört auch die Frage, ob es überhaupt moralisch erlaubt ist, Rechts- und Staatsverhältnisse einzurichten, also Zwangsinstitutionen, die den Individuen, Gruppen und gesellschaftlichen Kräften Verbindlichkeiten auferlegen und diese Verbindlichkeiten notfalls mit Zwang durchsetzen.

Die meisten Beiträge sind aus Vorträgen entstanden, die vor einem nicht nur fachphilosophischen Publikum gehalten wurden und deren »didaktischer« Charakter nicht geleugnet werden soll. Ein Teil besteht in Vorarbeiten für die systematische Studie, die unter dem Titel *Politische Gerechtigkeit* veröffentlicht worden ist. Ein anderer Teil bedarf gelegentlich einer gründlicheren Ausarbeitung. Namentlich die Einleitung stellt einen allerersten, etwas launigen Versuch zu einem sehr viel anspruchsvolleren Thema dar. Im übrigen wollen die Versuche nicht die Unsicherheit überspielen, auch nicht die Neugierde, wie denn heute eine praktische Philosophie im Feld von Recht und Staat, wie eine Rechts- und Staatsethik, noch möglich sein soll.

Statt einer Einleitung

Soll der Philosoph König sein?

»Soll der Philosoph König sein?« – wenn Sie sich diese Frage überlegen, unvorbelastet überlegen, also nicht daran denken, daß ein Philosoph zu Ihnen spricht, der gern ein wenig Standespolitik treibt, wenn Sie sich die Frage vielmehr nüchtern vorlegen, müssen Sie mit einem klaren und unmißverständlichen »Nein« antworten. Wahrscheinlich schütteln Sie sogar den Kopf oder beherrschen sich nur aus Höflichkeit: Denn wir haben keine Könige, wollen sie auch nicht, schon gar nicht in der Schweiz; wir empfangen sie höchstens, wie den schwedischen König, für zwei oder drei Tage als Gast.

Nun könnte man freilich das Wort »König« als Bild verstehen und sagen, damit seien die Politiker gemeint: die Parlamentarier, die Minister, Staats- und Bundesräte. Aber dann müßten wir zugeben, daß in der Demokratie die Kompetenz für die Politik keinem bestimmten Beruf, sondern jedem Bürger zukommt. Wenn jeder Bürger kompetent ist, dann könnte es natürlich auch der Philosoph sein. Aber im Rahmen der verschiedenen Berufe, werden Sie meinen, bringt der Philosoph die denkbar schlechtesten Voraussetzungen mit. Denn was tut ein Philosoph? Er denkt nach. Und Sie werden fragen, mit Edgar Wallace, *Neues vom Hexer*: »Ist das nicht ein bißchen wenig?«

Der Philosoph ist für ein Regierungsamt erstens deshalb schlecht geeignet, weil er sich kaum für die Welt interessiert. Von Thales, einem der ersten Philosophen, berichtet sein berühmtester Kollege, Platon, daß er, um die Sterne zu beschauen, den Blick nach oben richtete und deshalb in einen Brunnen fiel, woraufhin eine artige und witzige thrakische Magd ihn verspottet habe: daß er, was im Himmel wäre, wohl strebte zu erfahren, was aber vor ihm läge und zu seinen Füßen, ihm unbekannt bliebe (*Theaitetos* 174 a). Kurz: der

Philosoph ist weltfremd und besitzt höchstens jenes Minimum an Lebenserfahrung, daß er seinen Erfahrungsmangel, wie Platon mit der Anekdote, zugibt.

Weil Philosophen weltfremd sind, fehlt ihnen zweitens der für eine gute Politik nötige Sachverstand. Sie kennen nicht die Wirtschaftsprobleme und ihre internationalen Verflechtungen; sie kennen keine Militär- und keine Rechtspolitik. Außerdem liegt es ihnen fern, die tatsächlichen Möglichkeiten realistisch einzuschätzen. Statt dessen vertreten sie so utopische Hoffnungen wie den ewigen Frieden unter den Menschen oder ein Zusammenleben, das von jeder Herrschaft und jeder Regierung frei sein soll, oder auch eine kommunistische Wirtschaftsordnung, in der jeder nach Lust und Fähigkeit arbeitet, die gewünschten Güter aber ganz nach seinen Bedürfnissen erhält.

Drittens, werden Sie glauben, verstehen sich die Philosophen gar nicht auf die Macht. Statt zu handeln, denken sie nach; statt Entscheidungen zu treffen, suchen sie weitere Möglichkeiten und neue Argumente. Freilich sind Entscheidungen nicht immer so dringend. Am Ende verärgert man vielleicht seine Anrainerstaaten und hätte sich lieber die Schwerverkehrsabgabe vorher noch einmal überlegt; oder man baut eine Autobahnbrücke, die dann, ohne Zu- und Abfahrten, jahrelang die Landschaft ziert.

Aber selbst wenn Sie solche Entscheidungen für übereilt halten, werden Sie nicht glauben, der Philosoph als Herrscher hätte sie verhindert. Eher werden Sie denken, der Philosoph disqualifiziere sich selbst. Denn wer es überhaupt für erwägungswert hält, daß Philosophen Könige sein sollten, dem mangelt es an Selbstkritik und Realitätsblick. Zugegeben, es gab einmal einen Philosophen auf dem Königsthron, den römischen Kaiser Marc Aurel; und auch heute residiert in Rom ein Philosoph, freilich nur im Vatikan und bloß deshalb, weil er zunächst einmal Bischof und Theologe ist. Gewiß gab es auch Thomas Morus und andere Königsberater. Aber all das sind Ausnahmen und so zufällig, wie es einmal einen

Erdnußfarmer ins Weiße Haus führt und ein anderes Mal einen Schauspieler. Jahrhundertelang haben Feldherren die Politik gemacht: Alexander, Cäsar, Napoleon; oder Diplomaten: Metternich, Bismarck. Heute sind etwa die Ökonomen in den Regierungen, Parlamenten und Verwaltungen tätig und vor allem die Juristen.
Müssen wir also die Frage »Soll der Philosoph König sein?« beiseite schieben, da sie gar nicht ernsthaft gestellt sein kann? Geben wir zunächst einmal den Philosophen eine Chance, seien wir entscheidungsschwach, und denken wir ein wenig nach.
Wenn Anwälte nicht so selbstkritisch wären, würde ich meinen, am leichtesten überzeuge ich Sie, daß Philosophen Könige sein sollten, wenn ich sage, in Wahrheit sind Sie die Philosophen. Und so unsinnig das zunächst erscheint, etwas Ähnliches will ich behaupten. Unmittelbar werden Sie das natürlich für einen bloßen Spaß halten. Deshalb muß ich meine Behauptung etwas vorbereiten und vorweg zwei Hilfsbehauptungen aufstellen. Außerdem werden Sie vielleicht gar nicht König, sondern viel lieber Anwälte sein wollen. Also werde ich die dritte Behauptung etwas abwandeln, werde die Anwälte Anwälte sein lassen, aber einen neuen Typ erfinden, den philosophischen Anwalt.

Nach einem Bonmot von Whitehead besteht die philosophische Tradition Europas »aus einer Reihe von Fußnoten zu Platon«. Mein Vortrag bildet keine Ausnahme. Denn die Behauptung, die Philosophen sollten Könige sein, stammt von Platon, aus seinem bekanntesten Werk: *Politeia* (*Der Staat*).
Platon untersucht hier die Bedingungen eines gerechten Staates. In diesem Zusammenhang behauptet er, die Philosophen sollten Könige sein. Dieser sogenannte Philosophen-Königssatz ist vielleicht sogar Platons berühmtestes Wort. Es bildet das Herzstück der *Politeia* und findet sich auch räumlich genau in der Mitte. Im fünften Buch (473c-d) heißt es: »Wenn

nicht entweder die Philosophen Könige werden in den Staaten oder die jetzt so genannten Könige und Gewalthaber sich aufrichtig und gründlich mit Philosophie befassen, und dies beides in eins zusammenfällt, politische Macht und Philosophie [...], gibt es kein Ende des Unheils für die Staaten«. Platon nennt den Philosophen-Königssatz selbst para-dox, das heißt, der Satz steht im Widerspruch zu aller geläufigen Meinung. Sokrates verweist auf das Hohngelächter, mit dem die Menge auf diesen Satz antworten werde. Und die Geschichte hat ihm recht gegeben. Das Wort wird von der Menge verspottet, von den Gebildeten belächelt; die einen halten es für eine leere Hoffnung, die anderen für eine Sottise; in beiden Fällen scheint sich Platon als politischer Philosoph selbst zu disqualifizieren.

Platon beharrt aber darauf und sagt, so hoch sei der Preis, den man für das Wohlergehen eines Gemeinwesens bezahlen müsse; und er weiß sehr wohl, daß die Philosophen jetzt als unbrauchbar verschrien sind (*Der Staat* VI,499); Platon hat uns ja selbst die Thales-Anekdote überliefert.

Wieso soll ein Philosoph das Wohlergehen des Gemeinwesens besorgen können? Was ist überhaupt ein Philosoph? Der Philosoph unterscheidet sich vom Sophisten. Der Sophist ist ein Techniker, vielleicht sogar Künstler des Argumentierens. Er lehrt seine Schüler, wie man vor der Volksversammlung oder vor dem Gericht beliebige Fälle zu seinen Gunsten gewinnt, und läßt sich dafür bezahlen. So ist der Sophist, mit Verlaub, wie ein guter Jurist: Er kennt sich in den einschlägigen Argumenten bestens aus und versteht sie brillant zu präsentieren.

Was soll nun heißen, der Philosoph sei kein Sophist? Für Platon besteht das Muster des Philosophen in Sokrates. Dieser Lehrer Platons ist zunächst ebenso scharfsinnig wie die Sophisten, sogar noch ein wenig scharfsinniger. Ihm gelingt es nämlich, deren Wissen als Scheinwissen zu entlarven. Vom Sophisten unterscheidet er sich nicht durch einen Mangel; Sokrates ist nicht etwa menschenfreundlich, aber dumm. Er

zeichnet sich vielmehr durch eine Zusatzqualifikation aus. Sokrates sucht nicht Argumente für beliebige Zwecke; sein Ziel ist die Wahrheit. Die Wahrheit im Bereich des menschlichen Zusammenlebens heißt aber Gerechtigkeit. So ist der Philosoph derjenige, der nach der Gerechtigkeit sucht.
Im Philosophen-Königssatz faßt Platon zwei Möglichkeiten ins Auge: Entweder sollen die Philosophen Könige oder die Könige philosophisch werden. Damit zeigt er an, daß es ihm nicht um die Privatinteressen einer Berufsgruppe geht, so als ob irgendwelche Philosophiedozenten die Regierungsämter ausüben sollten, am liebsten noch die Professoren für Ethik und politische Philosophie. Platon interessiert sich für das Wohlergehen des Gemeinwesens.
Fürs Wohlergehen sieht er zuerst einmal eine negative Bedingung: Nach Platon soll die Politik nicht von Sophisten bestimmt werden, Sophisten, die sich ihrerseits von »bloßen Politikern« kaufen lassen. Unter »bloßen Politikern« sind jene zu verstehen, die Macht suchen, aus Ehrgeiz in die Politik gehen und Karriere machen wollen. Dort, wo dieser Politikertyp dominiert, sind unsere Republiken nicht nur (im griechischen Sinn) eine Politie, ein Verfassungsstaat. Sie bilden ebenso eine Timokratie, eine Herrschaft der Ehrgeizigen. »Bloße Politiker« sind auch jene, die mit List und Tücke die Interessen einer bestimmten Gruppe oder eines Verbandes durchsetzen wollen. Solche »bloßen Politiker« verfolgen persönliche oder Gruppeninteressen und bedienen sich dabei der »Mietlinge«, jener Argumentationskünstler, der Sophisten, die zu beliebigen Partikularinteressen die passenden Begründungen suchen.
Von dieser negativen Bestimmung ist es nicht mehr weit zu einem positiven Verständnis des Philosophen-Königssatzes. Ein Philosoph ist, wer kein bloßer Techniker des Argumentierens ist; ein Philosoph ist, wer sich in allem Erkennen und Argumentieren von der Idee der Wahrheit bestimmen läßt; die Wahrheit im Zusammenleben, namentlich im Staat, nen-

nen wir aber Gerechtigkeit; deshalb heißt der volle Titel von Platons *Politeia*: *Der Staat oder über das Gerechte*.

Platons These, die Philosophen sollten Könige werden, ist also zuerst einmal sachlich, nicht personal zu lesen. Sie bedeutet, die Gerechtigkeit solle herrschen. Die These bedeutet weiterhin, die Gerechtigkeit herrsche dort, wo die politische Argumentation nicht von Partikularinteressen, vielmehr von der Idee der Gerechtigkeit bestimmt ist. Schließlich meint Platon, meines Erachtens zu Recht, daß die professionellen Philosophen gegenüber der Gerechtigkeit eine gewisse Kompetenz haben. Dagegen halte ich es nicht für richtig zu glauben, die professionellen Philosophen hätten ein Privileg auf das Gerechtigkeitswissen.

Platons Ansicht ist aristokratisch. Mich überzeugt aber mehr die »demokratische Meinung« eines Kant, derzufolge das »gemeine sittliche Bewußtsein« eine hinreichende Vorstellung von der Gerechtigkeit hat. Es weiß etwa, daß die Gerechtigkeit in Unparteilichkeit besteht, weshalb man die Justitia mit verbundenen Augen darstellt. Auch wird das Prinzip der Gerechtigkeit angenähert in dem volkstümlichen Moralprinzip, der Goldenen Regel, formuliert: »Was du nicht willst, das man dir tu', das füg auch keinem andern zu«. Das »gemeine sittliche Bewußtsein« dokumentiert sich weiterhin im Willkürverbot oder auch im Gleichheitsgebot, wonach Gleiches nach Maßgabe der Gleichheit gleich, Ungleiches aber nach Maßgabe des Ungleichen behandelt werden soll.

So bleibe ich nur bei diesem Teil der Platonischen These, und er bildet meine *erste (Hilfs-)These*: Ein Staat ist dann gerecht, wenn in ihm nicht ein partikulares, sondern das Allgemeininteresse herrscht; er ist gerecht, wenn nicht der persönliche Vorteil regiert, sondern das Gemeinwohl. Den Philosophen-Königssatz verstehe ich als die Behauptung, daß nicht parteilich, sondern unparteiisch beurteilt und entschieden werden soll, kurz: daß die Gerechtigkeit im Staate herrsche.

Die Überzeugung, daß die Philosophen Könige werden sollten, hat sich übrigens bei Platon nicht in der stillen Studierstube gebildet. Überhaupt ist Platon kein weltfremder »Sterngucker«, sondern ein urbaner, zudem künstlerisch hochbegabter Philosoph gewesen. Seine Überzeugung verdankt sich einer einschneidenden Lebenserfahrung und zeigt, daß die Philosophie ihren Ursprung nicht nur im Staunen über die Gesetzmäßigkeit der Natur hat; sie entspringt auch praktisch-politischen Erlebnissen. Beim Philosophen-Königssatz ist es ein Erlebnis vitaler Ungerechtigkeit, die Erfahrung eines der berühmtesten Justizmorde, des Todesurteils über Sokrates.

Und Sokrates ist nicht nur der Mann, der, von seiner Xantippe aus dem Haus vertrieben, auf dem Marktplatz philosophiert hat. Er hat auf dem Markt die These vertreten, es sei besser, Unrecht zu leiden, als Unrecht zu tun, und war bereit, diese These mit dem Tod zu bezeugen. Denn aus Platons Dialog *Kriton* wissen wir, daß Freunde Geld gesammelt hatten, um ihm die Flucht zu ermöglichen. Sokrates lehnte dies aber als Unrecht ab. Mit aller Vorsicht auf heute übertragen, sagt er: In einem demokratischen Rechtsstaat ist ein Widerstand gegen die gewählten Behörden und ihre korrekt zustande gekommenen Entscheidungen illegitim; er ist insbesondere dann illegitim, wenn er aus Eigeninteresse – bei Sokrates: um sein Leben zu retten – geschieht.

Platon sagt, im Staat soll die Gerechtigkeit herrschen. Aber: warum? In einer Festrede ist eine solche Frage zwar überflüssig; denn hier hört man gern von Idealen. Aber im Alltag sieht es anders aus. Da herrscht in der Politik der Kampf um die Macht; und in der Rechtsordnung zählt nicht die Gerechtigkeitsüberzeugung von Philosophen, sondern allein das, worin Sie sich bestens auskennen, die hier und heute geltenden Erlasse, Gesetze und Gerichtsurteile, kurz: das positive Recht.

Manche Juristen und Staatstheoretiker glauben, das reiche aus. Man nennt sie Rechtspositivisten. Der Ausdruck ist

mehrdeutig; hier verstehe ich darunter die Ansicht, der Gesetzgeber und die Regierung dürften beliebige Vorschriften in den Rang geltenden Rechts erheben. Gegen diese Ansicht vertrete ich die *zweite (Hilfs-)These*: Positives Recht ohne Gerechtigkeit ist bloße Gewalt.
Zum positiven Recht gehört nämlich die Zwangsbefugnis. Die deutlichsten Beispiele liegen auf der Hand: die Strafgesetze, die Steuerpflicht, die Person des Gerichtsvollziehers. Der bloße, nackte Zwang ist aber Gewalt. Wie Augustinus sagt: »Remota iustitita, quid sunt regna nisi magna latrocinia?« (*Gottesstaat* IV,4). Da die meisten von Ihnen studiert haben, als noch Lateinkenntnisse obligatorisch waren, hoffe ich, Sie nicht zu beleidigen, wenn ich übersetze: »Was sind Staaten ohne Gerechtigkeit anderes als große Räuberbanden?«
Recht und Staat verlieren erst dort ihren Gewaltcharakter, wo sich ihr Zwang als für das Gemeinwohl notwendig einsehen läßt. Dort, wo diese Einsicht möglich ist, ist der Zwang gerecht, und die entsprechende Rechts- und Staatsordnung verdient die Zustimmung, die freie Anerkennung der Bürger. Dort aber, wo das nicht, und zwar eklatant nicht der Fall ist, wird Widerstand provoziert. Das klassische Vorbild ist Antigone. König Kreon hatte verboten, ihren Bruder Polyneikes zu bestatten. In diesem Verbot sah Antigone einen Widerspruch gegen ein göttliches Gebot, wir würden heute sagen: gegen einen Gerechtigkeitsgrundsatz, nämlich gegen die Pflicht, Verwandte würdig zu bestatten. Obwohl Kreon die Todesstrafe androht, setzt sich Antigone über das Verbot hinweg. Ähnlich wie Sokrates ist sie bereit, lieber das Unrecht eines willkürlichen Todesurteils zu erleiden, als selber Unrecht zu üben, ihre Schwesternpflicht zu verletzen und den Bruder, unbestattet, den Vögeln zum Fraß zu lassen.
An Antigones Beispiel könnte man das aktuelle Problem des Widerstandsrechts weiter diskutieren und sagen: Erstens sind es Willkürherrscher, Tyrannen, die einen moralisch legitimen Widerstand provozieren; zweitens ist der Widerstand nicht

aufgrund persönlicher Interessen, sondern nur im Namen eines überpositiven, eines gerechten Rechtes legitim; drittens muß ein moralisch ernstgemeinter Widerstand zu Opfern bereit sein.

Kreon ist ein Tyrann. Wir aber leben, gottlob, nicht unter Tyrannen. In unseren Staaten werden die Menschenrechte als Grundrechte anerkannt: die persönlichen Freiheitsrechte, die demokratischen Mitwirkungsrechte und, mehr oder weniger, auch die Sozial- und die Kulturrechte. Oder als Staatsziel bestimmt: wir leben in demokratischen, teilweise auch sozialen Rechtsstaaten. In ihnen sind wesentliche Gerechtigkeitsgrundsätze anerkannt. In ihnen kann von einem Widerstandsrecht im Sinne einer Auflehnung gegen Tyrannis keine Rede sein. Deshalb ist eine radikale Rechts- und Staatskritik verfehlt, die von nackter Gewalt, von Unterdrückung und Ausbeutung spricht; ein sinnvolles Thema ist höchstens die Frage eines bürgerlichen Ungehorsams.

Weil wir in Demokratien leben, in denen die politischen Entscheidungsprozesse von den jeweiligen Mehrheitsverhältnissen bestimmt werden, kann man sich fragen, ob die Idee der Gerechtigkeit nicht ihren Sinn verloren habe. Manche Demokratietheoretiker, z. B. Niklas Luhmann, sagen: ja; ich behaupte: nein. Denn zuerst einmal, meine ich, handelt es sich bei dieser Ansicht um ein falsches Bewußtsein. Zwar dienen demokratische Verfahren der Zähmung der Macht, sind also nichtdemokratischen Verfahren allemal vorzuziehen; gezähmte Macht, das versteht sich von selbst, ist besser als wilde Macht. Aber auch eine gezähmte Macht bleibt Macht. Deshalb fordern uns liberale Philosophen wie John Stuart Mill auf, vor der »Tyrannei der Mehrheit« auf der Hut zu sein und uns vor ihrem Machtmißbrauch ebenfalls zu schützen (*Über die Freiheit*, Kap. 1).

Aus diesem Grund zählen in den politischen Entscheidungsprozessen nicht bloß die schließlichen Mehrheiten, sondern auch jene Vorkehrungen gegen einen möglichen Machtmißbrauch, die vorab gültig sind. Dazu gehören die Gewaltentei-

lung, der Föderalismus, die Mehrstufigkeit der Entscheidungsverfahren und – speziell in der Schweiz – die Möglichkeit von Initiativen und Referenden. Trotzdem sind die Einflußmöglichkeiten, mithin die Machtchancen verschieden. Die Unterschiede beginnen mit der Debattierfähigkeit; wichtig ist ferner der Zugang zu den Medien, sind die finanziellen Mittel; schließlich lassen sich manche Interessen besser organisieren als andere, und zwar strukturell besser.
Ein finanzieller Unterschied besteht etwa darin, daß in der Schweiz die Sozial- und Politikwissenschaften, verglichen mit der Medizin, Chemie oder den Ingenieurwissenschaften, unterentwickelt sind. Deshalb fehlt schon ein Teil der empirischen Daten über die gegebenen Machtverhältnisse. Oder ein Strukturproblem, das allgemein gilt und keineswegs auf die Schweiz beschränkt ist: Nach einer »Logik kollektiven Handelns« haben es die Interessen der Wirtschafts- und Berufswelt leichter, sich durchzusetzen, als kulturelle Interessen; Arbeitnehmer sind gegenüber den Arbeitslosen im Vorteil, gegenwärtige Bedürfnisse gegenüber den künftigen. Deshalb gibt es nirgendwo in der Welt eine Organisation, die eine mit den Wirtschaftsverbänden und Gewerkschaften vergleichbare Macht hätte und fähig wäre, die Interessen unserer Kinder und Kindeskinder gegen die fatale Alternative zu verteidigen: Umweltschutz oder Arbeitsplätze.
Dort, wo es um Macht geht, drückt man auch gern einmal ein Auge zu und vergißt den Grundsatz: »audiatur et altera pars«. Jeder weiß es aus eigener Erfahrung, daß sich trotz des Grundsatzes »one man, one vote« die Einflußmöglichkeiten unterscheiden. Wer sich trotzdem allein auf demokratische Verfahren beruft, der verfällt einer neuen Spielart, einem *demokratischen* Positivismus. Gewiß, ein *demokratischer* Positivismus ist entschieden besser als ein absolutistischer. Aber auch er gefährdet den Sinn der Verfahren, nämlich zu gerechten Entscheidungen zu finden; er setzt die freie Zustimmung derjenigen aufs Spiel, die sich in gewisser Regel-

mäßigkeit als einflußarm erfahren; es entstehen Gruppen, die den Staat als Gewalt ansehen.

Dieser Hinweis hilft zu erklären, wie es zu den Jugendunruhen kommen konnte: Dort, wo es nicht mehr gelingt, im Rahmen der demokratischen Verfahren deren Gerechtigkeitsaufgabe zu verwirklichen, entsteht eine selbständige »Subkultur der Empörung«. Diese vergißt zwar leicht, daß Gerechtigkeitsbestimmungen zu positivem Recht werden müssen; sie müssen es erstens, weil sie klar und deutlich umgrenzt werden müssen (in der zur Zeit laufenden Initiative »Recht auf Leben« geht es um die Frage, wieweit der Lebensschutz reicht). Zweitens muß das klar und deutlich Umgrenzte auch öffentlich gesichert, notfalls durch Androhung von Strafen erzwungen werden. Die »Subkultur der Empörung« übersieht außerdem, daß das Recht aus positiven Entscheidungsverfahren hervorgehen muß; und hier kommt es am Ende auf die Mehrheiten an. Auch sind die Empörer nicht immer davor gefeit, die komplexe Wirklichkeit übermäßig zu vereinfachen. Oder sie halten die eigene Ansicht für unfehlbar richtig oder scheuen die Mühe, die in Demokratien notwendigen Schritte der Öffentlichkeitsarbeit auf sich zu nehmen. Aber die Schuld, zumindest ein Teil der Schuld, kann auch beim »etablierten politischen System« liegen, einem System, das die Verzerrungsmöglichkeiten in bezug auf Einflußchancen nicht wahrnimmt und sich nur auf die jeweilige Mehrheitslage beruft. Das mag manchmal gutgläubig sein; für die weniger Begünstigten klingt es aber zynisch.

Nun besteht die Schwierigkeit mit der Gerechtigkeit, daß zwei Dinge der Fall sein können: Entweder werden die Gerechtigkeitsgrundsätze zu wenig anerkannt, oder aber sie werden zwar anerkannt, aber die tatsächliche Anerkennung wird nicht hinreichend glaubhaft. Denn aus Gerechtigkeitsgrundsätzen kommen nur durch schwierige Prozesse der Beurteilung konkrete Bestimmungen heraus. Wollen wir beispielsweise die Chancengerechtigkeit im Bildungswesen befördern, so müssen wir nicht nur regionale und schichtspezifische Unterschiede ausgleichen. Wir müssen auch die Sachgesetzlichkeiten kennen, etwa wissen, daß mathematische Begabungen schichtunabhängig sind, Sprachbegabungen dagegen schichtspezifisch. Wir müssen wissen, aufgrund welcher Interessen oder auch Vorurteile – und zwar bei beiden Gruppen – die eine Gruppe ihre Kinder auf das Gymnasium schickt, die andere die ihren lieber in eine Lehre. Schließlich darf man nicht übersehen, daß eine rasche Bildungsexpansion die Berufschancen der Lehrer und Hochschullehrer für ein oder zwei Jahrzehnte steigen, sie aber dann beängstigend absinken läßt. Und hier liegen nicht die geringsten Schwierigkeiten einer demokratischen Politik mit ihrer Selbstdarstellung in bezug auf die Gerechtigkeit: Schon die Sachgesetzlichkeiten, dann die gesellschaftlichen Randbedingungen sind nicht unumstritten klar. Folglich kann es keinen einfachen Konsens darüber geben, was hier und jetzt eine gerechte Bildungspolitik, was eine gerechte Umweltschutzpolitik ist, was ein fairer Ausgleich der wirtschafts- und sozialpolitischen Interessen.

In diesem Bereich hat übrigens die Philosophie eine gewisse Sachkompetenz. Sie wird allerdings von den wenigsten Fachvertretern wahrgenommen. Bei den schwierigen Beurteilungsprozessen kann die Philosophie helfen, genaue Begriffe zu bilden, Argumente und Gegenargumente zu entwickeln und ihre Schlüssigkeit zu prüfen. Damit erweitert sich die Bedeutung des Philosophen-Königssatzes. Daß die Philosophen Könige sein sollen, heißt nicht nur, daß in unseren Staaten die Gerechtigkeit herrschen soll. Es bedeutet auch, daß man bei der Suche nach konkreter Gerechtigkeit nicht vorgegebenen Meinungen folgt, sondern vorurteilslos nach klaren Begriffen und schlüssigen Argumenten sucht und sich dabei, soweit sinnvoll, des philosophischen Sachverstandes bedient. Allerdings liefert die Philosophie keine griffigen Rezepte. Ihre hier sachgemäße Gestalt liegt in »sittlich-politischen Diskursen«. Diese lassen sich auf die genauen Probleme des jeweiligen Lebensbereiches ein, berücksichtigen die einschlägigen Erfahrungen und einzelwissenschaftlichen Erkenntnisse und wägen die Argumente des Für und Wider gegeneinander ab.

Damit verabschiede ich die zweite (Hilfs-)Behauptung und komme endlich zu der für Sie spezifischen These: Der Anwalt soll ein philosophischer Anwalt sein.
Gegen diese These kann man einwenden, daß ich am Ende doch Standespolitik treiben wolle, eine Standespolitik, die aller Realität widerspreche. Denn was haben Anwälte mit Philosophie zu tun? Sicherlich kann es im Einzelfall eine persönliche Liebe geben. So hat mein Großvater, Rechtsanwalt, mit Begeisterung Klassiker der Philosophie gelesen, vor allem Platon und Schopenhauer. Aber ein Anwalt, der Philosophen liest, ist eine Ausnahme; insbesondere entscheidet seine philosophiehistorische Belesenheit nicht über seine juristische Kompetenz.
Wir haben den Philosophen vom Sophisten abgegrenzt: Der Philosoph, kein käuflicher Techniker des Argumentierens, ist auf die Wahrheit und die Gerechtigkeit verpflichtet. Die Gerechtigkeit besteht aber in Unparteilichkeit. In beiden Hinsichten scheint der Anwalt mit dem genauen Gegenteil beschäftigt zu sein. Denn erstens ist er ein Kenner des geltenden Rechts, nicht der Gerechtigkeit; zweitens vertritt er bei der Rechtsberatung oder im Plädoyer vor Gericht die Interessen seiner Klienten; er ist also Partei. Anders verhält es sich dagegen beim Richter; er soll unparteiisch urteilen; für ihn gelten Grundsätze wie »sine ira et studio« oder »audiatur et altera pars«. Während der Richter philosophisch sein sollte, scheint der Anwalt geradezu von Beruf ein Sophist zu sein.
Wenn juristische Standesregeln den Anwalt als »Vertreter des Rechtssuchenden« bezeichnen, dann ist aber mehr gesagt, als er solle eine Partei vertreten. Zunächst einmal wird darauf hingewiesen, daß Recht gesucht werden muß. Dabei handelt es sich bei dem Gesuchten um Ansprüche, zuerst um positiv-

rechtlich definierte Ansprüche. Sofern die Gesetze aber im großen und ganzen gerecht sind, handelt es sich auch um gerechte Ansprüche. Solche gerechten Ansprüche müssen aus mindestens zwei Gründen gesucht werden.

Erstens kann mir ein anderer meinen Anspruch verwehren, dann hilft mir der Rechtsanwalt zu meinen berechtigten Ansprüchen. Zweitens ist es oft gar nicht klar, was denn der berechtigte Anspruch ist, dann hilft der Anwalt zur Klarheit über die Ansprüche.

Weil im vorgegebenen Gesetzesrahmen die Einzelfallgerechtigkeit gesucht werden muß und der Anwalt dabei hilft, ist er als Diener am Recht zugleich ein Diener an der Gerechtigkeit. Während für die Gerechtigkeit der Gesetze der Gesetzgeber zuständig ist, trägt für die Durchsetzung individueller Ansprüche der Anwalt eine Verantwortung. Sicherlich trägt er nicht die einzige Verantwortung. Wichtig sind ebenso die Behörden und besonders die Richter; aber der Anwalt trägt mit an der Verantwortung. Während der Gesetzgeber die Regeln aufstellt, hilft der Anwalt bei ihrer konkreten Durchsetzung.

Diese Tatsache hat für Ihr Standesbewußtsein eine wichtige, ich könnte mir denken: eine schöne Konsequenz. Beim Anwaltsberuf handelt es sich nicht um irgendeinen Beruf, mit dem man bloß Geld, gelegentlich viel Geld verdient. Der Anwalt leistet auch einen unverzichtbaren Beitrag zur konkreten Gerechtigkeit. Also kann er seinen Beruf mit moralischer Genugtuung ausführen.

Auf die moralische Genugtuung hat er aber nicht »in jedem Fall« Anspruch. Es kommt auf die Art und Weise an, wie er seinen Beruf ausführt. Erlauben Sie mir zum Schluß dazu wenige Hinweise, und sehen Sie es mir bitte nach, daß ich etwas »moralisiere«.

Zunächst einmal fordern Ihre Standesregeln, die Ihnen anvertrauten Angelegenheiten »gewissenhaft« zu prüfen. Das heißt, Sie sollen Ihr Metier beherrschen und bei der Ausübung keine Kunstfehler begehen. Das klingt freilich allzu

selbstverständlich. Trotzdem hat es für die alltägliche Arbeit eine wichtige Folge. Ein guter Anwalt hat bald viele Klienten. Wenn er trotzdem seine Aufgabe gründlich und sorgfältig wahrnehmen will, dann muß er sich – ähnlich wie ein vielgesuchter Arzt – für jeden Fall genügend Zeit nehmen; er muß auch lukrative Aufträge ausschlagen, damit nicht die schon übernommenen Aufgaben darunter leiden.
Ein weiterer Gesichtspunkt: Im Unterschied zum Arzt darf der Anwalt weit freier über Annahme, Niederlegung und Ablehnung von Mandaten entscheiden. Diese Entscheidung sollte er nach Gesichtspunkten seiner Kompetenz fällen. Er sollte beispielsweise Rechtsprobleme, in denen er nicht so »sattelfest« ist, auch dann einem Kollegen überlassen, wenn das zu erwartende Honorar verführerisch hoch ist. Andererseits sollte ein Anwalt, der sich als »Diener am Recht« und an der Gerechtigkeit empfindet, Mandate nicht deshalb ablehnen, weil sie kein hinreichendes Honorar versprechen.
Als Anwälte haben Sie ein Problem, das sich bei einem anderen Berufsstand, der Ärzteschaft, nicht stellt. Die ärztliche Therapie kennt nur eine Partei, den Patienten. Dort, wo er geheilt wird, braucht in der Regel dafür kein anderer seine Gesundheit zu opfern; und wenn die Heilung mißlingt, wird damit keinem anderen geholfen. Anwälte dagegen haben es mit Streitigkeiten zu tun. Im Standardtyp stehen sich zwei Parteien gegenüber, und in vielen Fällen handelt es sich – sieht man von den Zeit- und Geldkosten ab – um eine Art von Nullsummenspiel. Wenn der eine gewinnt, verliert der andere; oder im Fall eines Vergleichs: was der eine erhält, auf das muß der andere verzichten.
Diese Situation, könnte ich mir denken, führt gelegentlich in ein Dilemma. Einerseits wollen Sie die Interessen Ihrer Klienten mit allen rechtlich zulässigen Mitteln verteidigen. Andererseits kann das auch heißen, daß Sie nach Lücken im Gesetz suchen, daß Sie Ermessensspielräume zu den eigenen Gunsten auslegen und hoffen, daß der Gegenseite oder dem Richter eine Unachtsamkeit unterläuft. Der Anwalt kann und soll

sich relativ großzügig zugunsten des Klienten einsetzen; denn darin liegt sein Beitrag zur Gerechtigkeit. Er sollte aber auch gewisse Grenzen anerkennen.

Bevor ich ins Predigen verfalle, breche ich lieber ab. Die wenigen Hinweise zeigen, daß es auch beim Anwaltberuf nicht auf juristische Kenntnisse und rhetorische Techniken allein ankommt. Denn Ihre Arbeit findet zwar im Rahmen positiver Rechtsregeln statt, aber so wichtig diese Regeln sind: es kommt auch auf ihre verantwortungsvolle Anwendung an. Wenn ich dabei bleiben darf, den Philosophen nicht bloß technisch, sondern auch moralisch zu definieren, dann wiederhole ich: Philosoph sein heißt, sich auf Gerechtigkeit und Unparteilichkeit zu verpflichten. In diesem Sinne wünsche ich Ihnen, daß Sie nicht nur wie ein sophistischer Anwalt Ihr Metier bestens beherrschen, sich aber ansonsten wie ein Winkeladvokat mißbrauchen lassen. Ich hoffe, daß Sie wie Sokrates der bessere Sophist sind – und zugleich als »philosophischer Anwalt« Ihre Kunst in den Dienst der Gerechtigkeit stellen.

Naturrecht ohne naturalistischen Fehlschluß: ein rechtsethisches Programm

Die weltweite Renaissance, die das Naturrechtsdenken nach dem Zweiten Weltkrieg erfahren hat[1], ist seit Jahren wieder abgeebbt. Neben hermeneutischen und topischen Ansätzen sind es vor allem Impulse aus dem Umkreis der Rechtslogik und Rechtsinformatik, der Systemtheorie und der Entscheidungstheorie, der analytischen Rechtstheorie und den Sozialwissenschaften, die das rechtsphilosophische oder allgemeiner: das rechtstheoretische, Denken heute prägen. Das Zurücktreten naturrechtlicher Beiträge im Konzert rechtsphilosophischer Ansätze und Methoden verdankt sich – unter anderem – gewichtigen Bedenken gegenüber einem solchen Denken. Von seiten der Juristen wurden etwa die mangelnde Eindeutigkeit und die fehlende Einheitlichkeit, die ungeschichtliche, daher lebensferne Abstraktheit und die Einschränkung der Rechtssicherheit beklagt, von seiten der Rechtsphilosophie die Unfähigkeit, Moral und Recht voneinander begrifflich zu trennen. Noch grundlegender und daher auch gewichtiger als diese Einwürfe ist das etwa von Hans Kelsen formulierte Gegenargument, im Naturrechtsdenken würden normative Verbindlichkeiten allein aus Aussagen über natürliche Eigenschaften der Dinge und des Menschen abgeleitet. Eine solche Ableitung sei aber schon aus rein formalen, aus logischen oder semantischen Gründen nicht möglich.[2] In der Tat: ob man logisch von der Sein-Sollen-Metabasis oder semantisch vom naturalistischen Fehlschluß spricht – eine Argumentationsstruktur von der Art, wie sie dem Naturrechtsdenken unterstellt wird, ist unhaltbar. In Konsequenz muß man entweder auf das Naturrechtsdenken verzichten oder aber zeigen, daß ein Naturrechtsdenken auch ohne die beiden Fehlschlüsse möglich ist.

Zum Begriff des Naturrechts

Will man das Naturrechtsdenken nicht von vornherein auf eine bestimmte philosophische Tradition, etwa auf die aristotelisch-thomistische, die stoische oder die neuzeitliche Tradition festlegen und damit auch einschränken, so kann man es etwa folgendermaßen definieren (wobei ich vom Naturrechtsdenken in einem engeren Sinn ausgehe, bei dem es nur um die Begründung von Recht, nicht auch um die der persönlichen Sittlichkeit geht): Das Naturrechtsdenken basiert auf einem normativ-kritischen Impuls. Es wendet sich gegen die Vorstellung, der Verfassungs- und Gesetzgeber dürfe jede beliebige Bestimmung in den Rang geltenden Rechts erheben. Mag der jeweilige Verfassungs- und Gesetzgeber auch die entsprechende Macht haben; das »Recht« dazu hat er jedenfalls nicht. Das Naturrechtsdenken geht davon aus, daß es überpositive Rechtsgrundsätze gibt, die – vorrangig zu jeder geltenden Rechtsordnung – für diese einen allgemeingültigen und unbedingt verpflichtenden Maßstab darstellen. Dieser Maßstab wird insgesamt Naturrecht (bei Thomas von Aquin gelegentlich Natur*gesetz: Summa Theologica* I-II q. 94) genannt. Man kann auch von (sittlich) richtigem Recht oder von der Idee (politisch-sozialer) Gerechtigkeit sprechen.

Dieser überpositive Rechtsmaßstab heißt *Natur*recht in einem mehrfachen Verständnis. Zum ersten ist es die Natur als Erkenntnisquelle, die Natur im Sinne der natürlichen Vernunft im Gegensatz zu einer besonderen Offenbarung, mit deren Hilfe der höchste Rechtsmaßstab erkannt wird. Weiterhin ist es die Natur (im Sinne von Begriff und Wesen) des Rechts samt seinem Anspruch auf sittliche Richtigkeit, der – im Unterschied zu den tatsächlichen Rechtsverhältnissen (Rechtshistorismus) oder der Rechtssetzungskompetenz des positiven Gesetzgebers (Rechts- bzw. Gesetzespositivismus) – unter der Perspektive der Gerechtigkeit die letzte normsetzende Autorität zukommt. Schließlich ist es die Natur als das Wesen des Menschen und der zu regelnden Sachverhalte, von denen das Naturrecht abhängt. Die Natur gilt also als Erkenntnisquelle und als normativer Maßstab für sittliches Recht zugleich.

Die Idee des Naturrechts oder der politischen Gerechtigkeit wird an die Rechtswirklichkeit nicht von außen herangetragen, ist ihr vielmehr in einem gewissen Sinn immanent. Denn gegenüber jedem Recht – gleich ob es sich naturwüchsiger Sitte, ausdrücklicher Vereinbarung oder willkürlichem Erlaß verdankt –, gegenüber Richtersprüchen, Gesetzen, selbst Verfassungen werfen wir die Frage auf, ob das so Gegebene auch sittlich richtig, ob es gerecht ist. Die Frage: »Was ist rechtens, was ist gerecht?« läßt sich nicht abweisen. Gegenüber einer positiven Rechtsordnung stellt sie sich in dreifacher Hinsicht:

Erstens stellt sich die Frage, ob es überhaupt richtig ist, daß zwischen den Menschen nicht Rechtlosigkeit, vielmehr eine Rechtsordnung herrscht: ein System von Verbindlichkeiten (Geboten und Verboten), das nicht in allen seinen Teilen und Aspekten, das jedoch insgesamt zwingenden Charakter hat. Selbst wenn man der Meinung ist, daß alle einzelnen Rechtsnormen (Verfassungsartikel, Gesetze und Erlasse) ausschließlich positiver Natur sind, so kann doch die Berechtigung von Rechtsordnungen überhaupt, so kann das prinzipielle Recht der Staaten, Gesetze zu erlassen, sich nicht wiederum positivrechtlichen Überlegungen oder dem Tatbestand verdanken, daß die Staaten de facto Rechtsgebungskompetenz beanspruchen und praktizieren. Denn hier steht die Legitimität positivrechtlicher Überlegungen und Praktiken zur Diskussion. Die Legitimität – im Sinne von normativer Berechtigung einer Sache – kann aber nicht durch den bloßen Hinweis auf die Wirklichkeit, sondern nur durch Gründe, und sie kann unter normativer Perspektive nur durch Rekurs auf normative Gründe, also auf ein Sollen, erwiesen werden. Andernfalls macht man sich gerade dessen schuldig, was man dem Naturrechtsdenken vorwirft, nämlich des Sein-Sollen-Fehlers.

Zweitens ist an eine positive Rechtsordnung die Frage zu stellen, ob sie – sowohl unter prozeduralen wie unter substantiellen Gesichtspunkten betrachtet – fundamentalen Maßstäben richtigen Rechts genügt. Diese Frage erhebt sich wenigstens auf der Ebene der Verfassungs- und der Gesetzgebung und dokumentiert sich in den immer wieder neuen Rechts-, auch Verfassungsreformen, die nicht nur im Namen von Effizienz, Stabilität, sondern auch in dem der politisch-sozialen Gerechtigkeit erhoben werden.
Drittens stellt sich gegenüber einer positiven Rechtsordnung die Frage, ob sie die richtigen Lebensbereiche (straf-)rechtlichen Verbindlichkeiten unterwirft, um andere Bereiche der rechtlichen Regelung zu entziehen. Auch diese Abgrenzung von Lebensbereichen und Sachverhalten, die legitimerweise Gegenstand von Rechtsbestimmungen sind, von solchen, die von rechtlicher Regelung frei zu bleiben haben, läßt sich nicht mit positivrechtlichen Argumenten begründen, da sie den legitimen Anwendungsbereich positiven Rechts allererst definieren.
Die dreifache Frage nach der Gerechtigkeit hat nicht bloß akademische, sondern auch und zunächst eminent praktische (sittlich-politische) Bedeutung. Wir alle kennen die Situation, daß a) durch persönlich erlebten politisch-sozialen Wandel, b) durch interne Wertkonflikte innerhalb von pluralistischen Gesellschaften oder c) durch die Herausbildung offensichtlicher Unrechtsstaaten die vorhandene politisch-soziale Grundordnung ihre selbstverständliche Geltung verliert und unterschiedliche Rechts- und Staatsvorstellungen in Konkurrenz zueinander treten. Eine solche Situation ruft das Naturrechtsdenken auf den Plan.
Das Naturrechtsdenken geht davon aus, daß die Konkurrenz *erstens* – im Unterschied zum ethischen Relativismus und Nihilismus – überhaupt zu entscheiden, daß sie *zweitens* – im Gegensatz zum ethischen Dezisionismus, Empirismus oder Subjektivismus – nicht beliebig bzw. nach Maßgabe der bestehenden Verhältnisse politischer Macht, gesellschaftlicher

Überzeugung oder persönlicher Wertempfindungen, daß sie vielmehr mit Bezug auf sittliche Grundsätze zu entscheiden ist. Dabei vertritt das Naturrechtsdenken *drittens* – im Gegensatz zu einem ethischen Skeptizismus und metaethischen Kognitivismus – die These, solche sittlichen Grundsätze seien für den Bereich des Rechts tatsächlich begründbar.

Nach dem Naturrechtsdenken soll die Grundordnung einer politisch-sozialen Gemeinschaft weder der Willkür der Herrschenden noch dem Zufall geschichtlicher Entwicklungen überlassen werden. Ebensowenig sollen die grundlegenden politisch-rechtlichen Handlungslegitimationen einfach übernommen, sie sollen vielmehr allererst kritisch geprüft und aufgrund der kritischen Prüfung anerkannt oder aber verworfen werden. Diese kritische Einstellung, die Haltung einsichtigen Argumentierens gegenüber der politisch-sozialen Welt und gegenüber den sie bestimmenden normativen Leitkriterien, sowie der Versuch, für die einsichtige Argumentation sittliche Maßstäbe aufzustellen, begründet das Naturrechtsdenken.

Insofern sich das Naturrechtsdenken zuerst auf *allgemeine* Grundsätze der politisch-sozialen Gerechtigkeit richtet, bedarf es noch der Spezifizierung und Konkretisierung. So bezeichnet das Naturrecht nicht nur die der Willkür und Hybris der herrschenden Individuen, Gruppen und Gesellschaften entzogene Unbeliebigkeit politisch-rechtlicher Ordnungen und Gesetze. Zum Naturrechtsdenken gehören auch Maßstäbe, die als solche für die von den verschiedenen Verhältnissen und Bedingungen des menschlichen Handelns abhängige geschichtliche Konkretion offen sind.

Es ist unverkennbar, daß die Haltung des Naturrechtsdenkens, kraft natürlicher Vernunft und normativ-kritischer Argumentation sittliche Maßstäbe für Recht und Staat zu begründen, nicht schon einen der beiden Fehlschlüsse einschließt. Auch der Umstand, daß das Naturrechtsdenken dabei vom Begriff und Wesen des Rechts ausgeht, begründet nicht den Verdacht auf einen formalen Fehler. Es ist allenfalls der Rückgriff auf die Natur des Menschen oder der Dinge, der den Fehlschluß mit sich bringt.

Die Argumente des Sein-Sollen-Fehlers und des naturalistischen Fehlschlusses werden vor allem von analytischen Philosophen verwendet und auf ihre britische Tradition zurückgeführt, der naturalistische Fehlschluß auf G. E. Moore, der Sein-Sollen-Fehler auf David Hume. (Neuerdings spricht man sogar, allerdings sachlich etwas irreführend, vom »Humeschen Gesetz«.) Die dort angesprochenen Sachprobleme werden freilich auch außerhalb der britischen Tradition der analytischen Philosophie diskutiert; ich beschränke mich auf zwei Hinweise.

Bei Kant findet die Sein-Sollens-Problematik eine gestufte Behandlung. Zum einen unterscheidet Kant – unbeschadet der Vermittlungsaufgabe gemäß der *Kritik der Urteilskraft* – streng zwischen dem Bereich der theoretischen und dem der praktischen Vernunft; Gegenstand der theoretischen Vernunft ist das, was ist, es sind die Gesetze der Natur; Gegenstand der praktischen Vernunft ist das, was wir tun sollen, es sind die (technischen, pragmatischen und kategorischen) Imperative, die Gesetze der Freiheit. Zum anderen hebt Kant im Rahmen der praktischen Vernunft die empirisch bedingte von der reinen praktischen Vernunft ab; er definiert die höchste Stufe des Sollens, den sittlichen (kategorischen) Imperativ, in Begriffen reiner praktischen Vernunft, die von allem Empirischen unabhängig ist, so daß das sittliche Gute nicht aus der Erfahrung abgeleitet werden kann.

In der neueren Wissenschaftstheorie spielt Kant allerdings nicht direkt, sondern über den Neukantianismus vermittelt eine Rolle. Nach dem »Zusammenbruch des Idealismus« verpflichtet sich das Denken in Deutschland einem Wissenschafts- und Erfahrungspathos, das die Philosophie vor allem als Erkenntnistheorie und als Grundlegungsdisziplin der Wissenschaften pflegt und dabei eine deutliche Unterscheidung zwischen Erkennen und Werten trifft. Über Max

Webers Trennung von Tatsachen und Werten wird diese Bereichsabgrenzung zu einer klassischen Argumentationsfigur der Wissenschaftstheorie und der Sozialwissenschaften ausgemünzt.

Die Trennung von Erkennen und Werten scheint in der Nachfolge von Kants Unterscheidung der theoretischen und der praktischen Vernunft zu stehen, gibt aber in Wahrheit für den Bereich von Recht und Moral den emphatischen Begriff der Vernunft auf. Während sich das Erkennen in objektiv feststellbaren Tatsachenurteilen dokumentieren soll, schlägt sich das Werten, so heißt es, in bloß subjektiv gültigen Werturteilen nieder. Seitdem werden Erkennen und Werten, Sein und Sollen, nicht nur begrifflich voneinander geschieden. Max Webers Postulat der Wertfreiheit folgend, werden die Wissenschaften auf die Erkenntnisaufgabe festgelegt, während das Werten als wichtig, aber unwissenschaftlich gilt.

Da sich die gegen das Naturrecht gerichteten logischen und semantischen Vorwürfe einer Begrifflichkeit verdanken, die bei Hume und Moore exemplarisch ausgebildet ist, werden sie hier nicht in der Sprache Kants, auch nicht in der des Neukantianismus diskutiert. Zur Untersuchung stehen einerseits Humes Argument des Sein-Sollen-Fehlers und andererseits Moores Argument des naturalistischen Fehlschlusses.

Hume und der Sein-Sollen-Fehlschluß

In einer geradezu klassischen Stelle des *Treatise of Human Nature* (III,1,1) hat David Hume darauf aufmerksam gemacht, daß in allen Moralsystemen, denen er bislang begegnet sei, ein zwar unmerklicher, aber höchst bedeutsamer Wechsel von »ist / ist nicht«-Aussagen zu »soll / soll nicht«-Aussagen stattfinde. Da die Sollensaussagen eine neue Beziehung oder Behauptung ausdrückten, sei es notwendig, diesen Wechsel zu bemerken, zu erklären und zu begründen.

Daß die neue, die Sollensbeziehung, eine Ableitung der ganz anderen, der Seinsbeziehung, sein könne, sei aber völlig undenkbar. »Da die Verfasser der Moralsysteme«, fährt Hume fort, »die Vorsicht«, den Übergang zu bemerken, zu erklären und zu begründen, nicht anwenden, empfiehlt er sie seinen Lesern in der Überzeugung, daß »diese kleine Aufmerksamkeit alle gewöhnlichen Moralsysteme umwerfe« – Hume versteht seine Überzeugung als eine Revolution der Ethik –; denn »die Unterscheidung von Laster und Tugend könne weder in der bloßen Beziehung von Gegenständen gegründet sein noch durch die Vernunft« (»by reason«; hier im Sinne des Erkenntnisvermögens, Kantisch gesprochen: der theoretischen Vernunft) »erkannt werden«.

Die Auslegung dieses Textes ist unter den Hume-Interpreten lebhaft umstritten.[3] Kontrovers ist nicht nur die Frage, ob Hume beim Problem des argumentativen Übergangs von Seins- zu Sollensaussagen bloß an eine Ableitung nach den formalen Regeln der deduktiven Logik dachte oder aber einen weiteren Begriff von Ableitung vor Augen hatte. Strittig ist ebenso, ob der Übergang schlechthin illegitim sei oder ob er nur nicht unbemerkt und unbegründet vollzogen werden dürfe; ferner ob Hume in seiner Ethik nicht selbst moralische Urteile mit faktischen Urteilen über gewisse menschliche Gefühle gleichgestellt habe (metaethischer Emotivismus), was entweder für die Begründungspflicht beim Sein-Sollen-Übergang oder aber für eine Inkonsistenz in Humes Ethik sprechen würde.

Obwohl der zitierte Text wegen seiner Kürze keine eindeutige Auslegung zuläßt, hat sich die strengere Auslegung als Standardinterpretation durchgesetzt. Danach wirft Hume ein formallogisches Problem auf und vertritt die These, aus nichtmoralischen (allgemeiner: nicht-normativen) Prämissen ließen sich keine moralischen (normativen) Schlüsse ziehen. Zugunsten der Standardinterpretation spricht Humes These, daß die Sollensbeziehung von der Seinsbeziehung völlig verschieden (»entirely different«), eine Sein-Sollen-Ableitung daher gänzlich undenkbar (»altogether inconceivable«) sei. Die Standardinterpretation ist aber dem philosophiegeschichtlichen Bedenken ausgesetzt, daß das Problem der formalen Ableitung von Sollen aus Sein erst gegen Ende des 19. Jahrhunderts diskutiert wird, so daß die Standardinterpretation als ein Anachronismus erscheint. Nach Finnis bildet die zitierte Stelle, im historischen Zusammenhang gelesen, den Schlußstrich einer Kritik am ethischen Rationalismus des 19. Jahrhunderts.[4] Hume wende sich vor allem gegen Samuel Clarkes Behauptung, die Erkenntnis der moralischen Qualität einer Handlung reiche als Motivation für die Handlung aus. Nach dieser neuen Deutung interessiert sich Hume nicht für das formallogische Problem der Begründung, sondern für das psychologische der Motivationskraft.

Auch wenn man, philosophiegeschichtlich gesehen, Humes berühmte Stelle eher psychologisch als logisch interpretieren müßte, herrscht in unserem Jahrhundert doch die formallogische Deutung vor. Im übrigen bleibt es sich für die systematische Begründung der philosophischen Rechts- und Staatskritik gleich, ob der fehlerhafte Übergang von bloßen Seins- zu Sollensaussagen auf Hume zurückzuführen ist oder erst ein späteres Problem darstellt. Jedenfalls ist die angesprochene Sachproblematik klar. Sobald man gegenüber einer Seinsaussage ein neues Behauptungselement anerkennt, liegt beim Sein-Sollen-Übergang eindeutig ein Fehlschluß vor. Denn die formale Logik ist nichts anderes als die Wissenschaft von den Implikationen der Aussageformen. Folglich kann man in der Konklusion eines Arguments nicht mehr als das erwarten, was schon in den Prämissen enthalten ist; und zur Ableitung einer Sollensaussage braucht es mindestens eine Sollensprämisse.

Die formale Logik für den Bereich des Normativen, des Sollens, ist die deontische Logik. Insofern könnte man meinen, die Behauptung des Fehlschlusses sei erst mit den Mitteln der deontischen Logik zu beweisen. In Wahrheit bedarf es weder eines ausgefeilten (modal-)logischen Kalküls noch besonderer Kenntnisse der deontischen Logik, um die Fehlschlüssigkeit einzusehen. Es kommt allein auf die allgemeine Leistung der formalen Logik an, die Implikationen von Aussageformen zu bestimmen, sowie auf eine besondere Randbedingung, auf die semantische Einsicht oder aber semantische Festlegung, daß Seins- und Sollensaussagen eine unterschiedliche Bedeutung haben. Diese semantische Randbedingung wird aber von der deontischen Logik nicht bewiesen, sondern von ihr vorausgesetzt.[5] Beim Sein-Sollen-Übergang handelt es sich einfach deshalb um einen Fehlschluß, weil – unter der semantischen Voraussetzung, daß b nicht in a enthalten ist – jedes Argument der Form »ax, also bx« nicht schlüssig ist; dabei kann a sowohl einen Seins- und b einen Sollensoperator als auch a die Möglichkeit und b die Notwendigkeit bedeuten usw.

Da das »Humesche Gesetz« nicht aus formallogischen Gründen allein, sondern erst unter einer zusätzlichen semantischen Voraussetzung triftig ist, handelt es sich nicht um das, was der Ausdruck »Gesetz« erwarten läßt, nämlich um eine grundsätzlich gültige Behauptung. Deshalb wäre es besser, von einer »Humeschen Regel« zu sprechen. Sie ist überall dort gültig, wo die semantische Randbedingung zutrifft, also die semantische Unterscheidung von Seins- und Sollensaussagen vorliegt.

Gemäß unserer einleitenden Begriffsbestimmung handelt es sich beim Naturrecht um einen normativ-kritischen Begriff, an dem menschliches Zusammenleben, insbesondere Recht und Staat, gemessen werden. Hier trifft also die Randbedingung zu; das Naturrecht gehört zu einer Sprache bzw. einem Sprachspiel, das deskriptive Elemente, die Beschreibung der tatsächlichen Rechts- und Staatsverhältnisse, von normativen, genauer: sittlichen, unterscheidet. Für das Naturrechtsdenken ist die Humesche Regel also gültig.

Falls man die semantische Voraussetzung aber nicht macht und das Sollensmoment schon in den Prämissen, freilich versteckterweise, enthalten sieht, entfällt das Problem. Denn daß aus versteckt-normativen Aussagen offen-normative Aussagen ableitbar sein können, ist noch nicht bestritten worden. Allerdings wird von manchen Philosophen die Sein-Sollen-Problematik unzulässig vereinfacht, wenn sie sie rein grammatisch verstehen und behaupten, aus zwei Indikativprämissen lasse sich kein Imperativ ableiten. Denn die grammatischen Formen des Indikativs und des Imperativs sind kein gültiges Kriterium für die Unterscheidung von Seins- und Sollensaussagen. Letztere können auch indikativisch formuliert werden, indem man normative Begriffe verwendet. Die Sätze »Es ist deine Pflicht, a zu tun / zu lassen« und »die Handlung a ist sittlich gut / schlecht« sind grammatisch gesehen ein Indikativ und doch mit dem Imperativ »Du sollst a tun / lassen« semantisch gleichbedeutend.

Weil auch Indikative einen normativen Gehalt haben können, muß man mit dem Vorwurf des Sein-Sollen-Fehlschlusses vorsichtig sein. Vor einer zu raschen formallogischen Kritik am Naturrechtsdenken und überhaupt der klassischen Moral- und Rechtsphilosophie muß man sowohl prüfen, ob die Prämissen tatsächlich nur deskriptiver Natur sind, als auch ob die Konklusion überhaupt im heutigen Sinn einen normativen Anspruch erhebt.

Aristoteles und Hegel z. B. machen die semantische Voraussetzung des Humeschen »Gesetzes« nicht mit. Da sie das Sein in Begriffen optimaler Wesensverwirklichung verstehen, sind in ihrer Argumentation weder die Prämissen bloß deskriptiver Natur, noch hat die Konklusion die Bedeutung eines Sollens. Statt dessen wird die semantische Voraussetzung (Randbedingung) des logischen Fehlschlusses, die Trennung von (naturalen) Tatsachen und (idealen) Normen, als sachunangemessen-abstrakt unterlaufen. Dieses Unterlaufen trifft gleichermaßen für die Prämissen wie für die Konklusion der naturrechtlichen Argumentation zu, so daß auch hier das formallogische Problem eines Sein-Sollen-Fehlschlusses entfällt. Jedoch sind noch andere als formallogische Kritikpunkte denkbar.

Obwohl die Humesche Regel für das Naturrechtsdenken gültig ist, muß eine normative Rechtsphilosophie, die sich allein auf Aussagen über die Natur des Menschen und der Welt stützt, nicht logisch fehlerhaft sein. Die Argumentation kann nämlich als ein Enthymem verstanden werden: als ein unvollständiger Schluß, der eine allzu selbstverständliche Prämisse nicht eigens erwähnt.

Enthymematisch ist beispielsweise die *Philosophia practica universalis* zu lesen, mit der Christian Wolff an der Schwelle zum Zeitalter der Französischen Revolution das traditionelle Naturrecht in Form eines Schulsystems zusammenfaßt. Die Behauptung des deutschen Aufklärers, der zureichende Grund der naturrechtlichen Verbindlichkeiten liege im Wesen und in der Natur des Menschen und der Dinge (I, § 161; vgl. § 169, auch §§ 127 und 137), läßt zwar einen Sein-Sollen-Fehlschluß vermuten. Aber zu Wolffs Ethik und Politik gehört wie selbstverständlich die Grundnorm der Aristoteles-Tradition hinzu, daß alle menschlichen Handlungen gut sind, die auf die Vollendung des Menschen zielen (I § 55; vgl. *Vernünftige Gedanken zur Glückseligkeit*, §§ 3 und 12).

Auch andere Vertreter des klassischen Naturrechtsdenkens argumentieren enthymematisch, so daß der Fehlschluß-Vorwurf meist übereilt kommt. Sehr viel seltener als angenommen läßt sich das Naturrechtsdenken schon mit formallogischen Mitteln kritisieren. Und dies gilt allgemein: in der normativen Rechts- und Staatsphilosophie hat der Sein-Sollen-Fehlschluß nicht im entferntem die Bedeutung, die man ihm gern zumißt.

Moores Argument des naturalistischen Fehlschlusses

Da das klassische Naturrechtsdenken oft wie selbstverständlich eine Grundnorm voraussetzt, entgeht es dem Sein-Sollen-Fehlschluß. Dafür stellt sich die neue Frage, ob die Voraussetzung sich wirklich von selbst versteht, mehr noch; ob sie wahr ist. An dieser Stelle greift ein formaler Einwand zweiter Stufe ein, das semantische Argument des naturalistischen Fehlschlusses, und bestreitet die Wahrheit der Prämisse. Beim naturalistischen Fehlschluß findet ebenso wie beim Sein-Sollen-Fehlschluß ein unzulässiger Übergang vom Seins- und Sollensbereich statt. Im Gegensatz zur häufigen Ineinssetzung oder Verwechslung beider Fehler geht es aber dort um die formale Ableitung normativer Aussagen, hier um die Definition des normativen Grundbegriffes »gut«. Der Sein-Sollen-Fehler betrifft den ethischen Diskurs erster Stufe, die normative Ethik, der naturalistische Fehler den ethischen Diskurs zweiter Stufe, die Metaethik. Vielleicht könnte man aber auch sagen, daß der naturalistische Fehlschluß einen Sonderfall des Sein-Sollen-Fehlers darstellt, da er die Humesche Regel auf die Definition des normativen Grundbegriffs »gut« anwendet.

Die Behauptung eines naturalistischen Fehlschlusses stammt von G. E. Moore. In seinen bahnbrechenden *Principia Ethica* (1903, dt. 1970)[6] wirft er drei Hauptfragen auf: (1) Was ist das Wesen der Aussage »Dies ist gut an sich«? Oder auch: Was ist »(an sich) gut« für ein Prädikat? – (2) Welche Dinge sind gut an sich? – (3) Welches Verhalten ist ein Mittel zu an sich guten Ergebnissen? Das Problem des naturalistischen Fehlschlusses gehört zur ersten Hauptfrage.

Die Antwort auf das semantische Problem ist eine dreifache These. Als erstes behauptet Moore, daß »gut« kein komplexer, sondern ein schlechthin einfacher und daher undefinierbarer Gegenstand sei (Abschn. 6–10). Nach der zweiten These ist »gut« bislang sehr häufig mit anderen Gegenständen identifiziert worden (so bei Bentham: Abschn. 14; Spencer: Abschn. 29–34; J. S. Mill: Abschn. 39–44; indirekt auch Kant: Abschn. 75–85). Schließlich behauptet Moore, daß die Identifikation von »gut« mit anderen Gegenständen ein Irrtum sei, und diesen Irrtum nennt er naturalistischen Fehlschluß (Abschn. 10, 24 f. u. a.). Moore spricht nun deshalb von einem *naturalistischen* Fehlschluß, weil die erste von ihm diskutierte Gruppe von Fehlidentifikationen des Prädikats »gut« naturalistischer Natur ist. Im metaethischen Naturalismus werde der Begriff des an sich Guten oder sittlich Guten vollständig mit Hilfe von rein natürlichen Eigenschaften definiert. Zum Beispiel werde »an sich gut« gleichgesetzt mit »nützlich«, »lustvoll«, »lebensdienlich« oder aber »begehrt«. In Konsequenz ließen sich sittliche Urteile allesamt und vollständig aus empirischen Aussagen über den Menschen und die Welt ableiten. Die Suche nach dem guten und gerechten Leben werde zur Angelegenheit empirischer Wissenschaften; die Ethik reihe sich ebenso wie die normative Rechts- und Staatsphilosophie als integraler Teil in jene Wissensart ein, die in der Neuzeit unbestritten anerkannt ist, eben die empirischen Wissenschaften. Die »ewigen« Legitimationsprobleme der philosophischen Ethik seien endlich gelöst.

Einen analogen Fehlschluß konstruiert Moore dort, wo man »an sich gut« nicht mit empirischen, sondern mit metaphysischen oder religiös-theologischen Aussagen gleichsetzt und z. B. behauptet, »an sich gut« sei ein Leben gemäß der Natur, oder behauptet, es sei etwas, das gewisse übersinnliche Eigenschaften besitze (Kap. IV). Moores Rede vom naturalistischen Fehlschluß ist also irreführend, weil sie sich nicht nur auf naturalistische, sondern auch auf metaphysische Definitionen des Begriffs des Guten bezieht. Moore ist Antinaturalist und Antimetaphysiker zugleich, und bei dem von ihm behaupteten semantischen Irrtum müßte man genauer vom naturalistischen und vom *metaphysi(zisti)schen Fehlschluß* sprechen. Das Gemeinsame beider Fehlschlüsse liegt darin, daß ein sittlich-normativer Begriff, der des an sich Guten, mit Hilfe deskriptiver Termini definiert wird. Insofern könnte man präziser von einem deskriptiven Fehlschluß sprechen, zu dem der naturalistische Fehlschluß nur eine Unterart darstellt. Da sich aber der Begriff des naturalistischen Fehlschlusses seit Moore eingebürgert hat, bleibe ich bei dieser Bezeichnung als gemeinsamem Oberbegriff für beide Unterarten des Fehlschlusses.

Moores Bezeichnung ist nicht bloß zu eng; sie verdeckt auch den Grund des Fehlers. Nicht weil »gut« naturalistisch, metaphysisch oder – beides umfassend – im Mooreschen Sinn deskriptiv definiert wird, liegt ein Fehlschluß vor. Gemäß dem Motto der *Principia Ethica*: »›Everything is what it is, / and not another thing‹ (Bishop Butler)« liegt der Irrtum in der Behauptung, zwei Eigenschaften – »gut« auf der einen und eine natürliche oder metaphysische Eigenschaft auf der anderen Seite – seien ein und dieselbe. Treffender wäre deshalb der Ausdruck »Identifikationsfehler/-fehlschluß« oder auch »Reduktionsfehler/-fehlschluß«, da Moore den Naturalisten und den Metaphysikern vorwirft, »gut« auf eine andere Eigenschaft zurückzuführen.

Für seine positive Behauptung, »gut« sei im strengen Sinn undefinierbar, liefert Moore zwar keinen schlüssigen Beweis; er trägt aber ein direktes und ein indirektes Argument vor. Nach der direkten Begründung soll das Prädikat »gut« nicht definierbar sein, weil es sich nicht mehr in weitere Bestandteile zerlegen lasse (vgl. *Principia Ethica*, Abschn. 6 ff.). An diesem Argument kann man schon die verwendete Definitionstheorie kritisieren, wonach einen Gegenstand definieren ihn in seine Bestandteile zerlegen heiße. Weit bedenklicher ist aber, daß Moore das unbewiesen voraussetzt, was er beweisen müßte, nämlich »gut« sei ein schlechthin einfaches Prädikat; das direkte Argument ist zirkulär.

Als indirektes Argument bedient sich Moore einer Reductio-ad-absurdum-Strategie, die man als Argument der offenen Frage (open-question-argument) bezeichnet hat: Überall dort, wo »gut« mit »nützlich« (Utilitarismus), »lustvoll« (Hedonismus), »lebensdienlich« (Spencer) oder »naturgemäß« (Stoa) gleichgesetzt werde, bleibe die Frage offen, ob das Nützliche (Lustvolle ...) unter allen Umständen gut sei. Wenn man aber etwas als nützlich (lustvoll ...) bezeichnen und trotzdem sein Gutsein in Frage stellen könne, ohne damit eine semantisch sinnlose Frage von der Art »Ist das Nützliche unter allen Umständen nützlich?« aufzuwerfen, dann könne

»nützlich« nicht dasselbe wie »gut« bedeuten. Anders formuliert: Da es nicht semantisch widersprüchlich sei, etwas als nützlich (lustvoll ...) zu bezeichnen, gleichwohl aber sein Gutsein in Frage zu stellen, könne »nützlich« ... mit »an sich gut« nicht semantisch identisch sein.

Kritikversuche

Weder Moores Kritik am metaethischen Naturalismus und einer metaphysischen Ethik noch die Sache selbst, das Verdikt gegen eine naturalistische oder metaphysische Definition der fundamentalen ethischen und damit auch naturrechtlichen Begriffe ist auf uneingeschränkte Zustimmung gestoßen. Selbst gegen Humes These, Sollenssätze ließen sich nicht allein aus Seinssätzen ableiten, hat man Kritik erhoben. Im folgenden können nur einige der wichtigsten Gegenargumente genannt und diskutiert werden:

Moores Argument der offenen Frage ist zwar stark, aber nicht rundum beweiskräftig. Man könnte Moore schon entgegenhalten, genau die These »gut ist eine undefinierbare Eigenschaft« sei eine Definition. Dieses Gegenargument läßt sich jedoch mit einer Stufentheorie des Definierens entkräften, wonach Moore Definitionen erster Stufe kritisiert, nämlich die Gleichsetzung des Prädikats »gut« mit natürlichen oder metaphysischen Eigenschaften; das angebliche Gegenbeispiel ist aber eine Definition zweiter Stufe. Ähnlich läßt sich auf den weiteren Einwand, jeder Ausdruck sei mit sich selbst synonym, antworten: Moore verwirft nur die nichttriviale, »nichtreflexive Synonymität«, bei der das Prädikat »gut« mit etwas anderem identifiziert wird, nicht aber die triviale, »reflexive Synonymität«, nach der es als mit sich selbst synonym gilt.

Ein dritter Einwand, der auf die Möglichkeit versteckter Synonymität verweist, läßt sich nicht mehr so leicht entkräften. Der Einwand stammt von Frankena[7] und macht darauf aufmerksam, daß die Synonymität zweier Ausdrücke A und B nicht immer so offensichtlich sein müsse, daß die Frage: »Dieses ist A; ist es auch B?« unsinnig werde. Ferner weist Frankena darauf hin, daß Moores Annahme, »an sich gut« sei undefinierbar, nur an einigen Beispielen, nicht aber prinzipiell begründet sei; denn Moore habe seine These nicht aus spezifischen Merkmalen der (sittlich-)normativen Sprache hergeleitet.

Mit diesen beiden Kritikpunkten will Frankena nicht die ganze Theorie des naturalistischen Fehlschlusses erledigen, wohl aber Moores tatsächlich vorgebrachte Argumente entkräften. Nun kann man die Theorie des naturalistischen Fehlschlusses so umformulieren, daß sie rehabilitiert wird. Ansätze zu dieser Umformulierung stammen von Frankena selbst:

In einem *ersten* Argument kann man sich darauf berufen, daß der Naturalismus dem tatsächlichen Sprachgebrauch von »an sich gut« widerspricht. Worauf in der zeitgenössischen Diskussion vor allem Hare aufmerksam gemacht hat: für die Sprache der Moral ist unter anderem ein Moment des Präskriptiven: des Bewertens und Empfehlens, charakteristisch; Bewerten und Empfehlen stellen aber eine vom Beschreiben und Erklären verschiedene Sprachfunktion dar. Wer bloß eine Tatsachenbehauptung (Deskription) aufstellt, verbindet damit nicht schon eine Bewertung und Empfehlung der behaupteten Tatsache. Genau dieses andere Moment, das der Bewertung und Empfehlung, steckt aber in jeder Präskription. Da die Sprache der Moral in den Bereich der Präskriptionen gehört, kann sie nicht eine Unterklasse von Deskriptionen über die sinnliche oder übersinnliche Welt sein.

Weiterhin gilt, daß sich hinter der Definition das Problem des Prinzips und Kriteriums für das an sich oder sittlich Gute verbirgt. Wer sich zur Stützung des Prinzips und Kriteriums für das sittlich Gute lediglich auf eine Definition beruft, verschiebt nur das Rechtfertigungsproblem. Denn an die Definition können wir selbst dann, wenn sie den herrschenden Sprachgebrauch trifft, immer noch die Frage stellen, wie sie sich rechtfertigen lasse bzw. warum wir gerade diesen Sprachgebrauch in bezug auf Sittlichkeit akzeptieren sollten. Diese Rechtfertigungsfrage läßt sich aber nicht mehr durch eine bloße Definition oder Analyse des tatsächlichen Sprachgebrauchs zureichend beantworten. Es bedarf vielmehr einer Analyse des moralischen Standpunktes (moral point of view) oder einer anderen genuin ethischen Argumentation und Legitimation. Insofern der Bereich der Moral ohne eine Analyse des moralischen Standpunktes nicht zureichend untersucht werden kann, der moralische Standpunkt aber ein vom Bereich des Deskriptiven verschiedener Gegenstand *sui generis* ist, muß die philosophische Ethik in ihrem grundlegenden Teil eine vom Bereich der theoretischen Philosophie und der empirischen Wissenschaften verschiedene autonome Disziplin sein (methodologische Autonomie der philosophischen Ethik).

Außerdem kann man in einer semantischen Analyse des Begriffs »gut« zunächst drei Bewertungsstufen unterscheiden – das technisch Gute (»für etwas gut«), das pragmatisch Gute (»für jemanden gut«) und das sittlich Gute (im Rechtsbereich: »für jeden gut«) – und dann mit einem gegenüber Moore abgeschwächten Argument der offenen Frage zeigen, daß sich das sittlich Gute nicht auf eine der anderen Bewertungsstufen zurückführen läßt: Wenn – gemäß der technischen Bewertung – ein Mittel oder Weg für ein gewisses Ziel gut ist, bleibt es offen, ob das Ziel selbst gut ist. Und wenn das Ziel für jemanden, im Rechtsbereich: für eine Gruppe, wenn es also (sozial-)pragmatisch gut ist, läßt sich immer noch fragen, ob das Ziel nur für die Mehrheit der Gruppe oder ob es für jeden einzelnen gut ist. Nur im letzten Fall wäre es sittlich gut im Sinne von gerecht.

Folglich müssen wir die Vorstellung aufgeben, unsere grundlegenden Prinzipien des sittlich Guten ließen sich *allein* aus deskriptiv wahren Sätzen über den Menschen, die Welt sowie aus deskriptiven Sätzen über unseren Sprachgebrauch in bezug auf den Menschen und die Welt logisch ableiten.

Das Argument des naturalistischen Fehlschlusses hat Moore vor allem in bezug auf die normative Ethik im engeren Sinn, nämlich in bezug auf die Moralphilosophie als Philosophie subjektiver, nicht auch objektiver Sittlichkeit, formuliert. Sinngemäß ist es aber auch auf den Bereich übertragbar, in den das Naturrechtsdenken gehört, auf den Bereich der normativen Rechts- und Staatsphilosophie als der Theorie objektiver Sittlichkeit: Insofern zu Aussagen über das sittlich richtige oder gerechte Recht ein Moment des Präskriptiven gehört, dieses Moment aber eine von der deskriptiven Sprache verschiedene Sprachfunktion ausübt, lassen sich unsere grundlegenden Prinzipien der politischen Gerechtigkeit nicht allein aus wahren Sätzen über den Menschen, die Welt und den entsprechenden Sprachgebrauch logisch ableiten. Weiterhin gilt auch in bezug auf das Naturrechtsdenken, daß die Legitimationsfrage nicht durch Definitionen allein zureichend gelöst werden kann. So enthält auch die Sprache des sittlich richtigen Rechts, die Sprache der politisch-sozialen Gerechtigkeit, ein Moment *sui generis*. Dann aber muß auch die philosophische Theorie der Gerechtigkeit ein Stück autonomer normativer Philosophie enthalten. Allein auf der Basis von deskriptiven (anthropologischen oder seinsmetaphysischen) Aussagen über den Menschen und die Welt sowie auf der Grundlage des entsprechenden Sprachgebrauchs ist das Naturrechtsdenken nicht möglich.

Andere Autoren haben den angeblichen Sein-Sollen-Fehlschluß durch Gegenbeispiele zu widerlegen versucht. Der einfachste Versuch zu zeigen, daß es logisch korrekt sein könne, Sollenssätze aus bloßen Seinssätzen abzuleiten, arbeitet mit Hilfe einer Definition. Als Beispiel dafür, wie man aus einer offensichtlich deskriptiven Prämisse einen normativen Satz ableiten könne, führt Hoerster[8] an:

(1) »Handlung x ist unsere Pflicht« bedeutet nichts anderes als »Handlung x ist uns von Gott befohlen«.

Aus (1) folge:

(1a) »Handlung x ist uns von Gott befohlen« bedeutet unter anderem »Handlung x ist unsere Pflicht«.

Aus (1a) folge:

(1b) Alle Handlungen, die uns von Gott befohlen sind, sind unsere Pflicht.

Zusammen mit der weiteren Prämisse:

(2) Handlung a ist uns von Gott befohlen,

folge aus (1b) die Konklusion:

(3) Handlung a ist unsere Pflicht.

Gegen diese Ableitung spricht nicht bloß das im Anschluß an Moore reformulierte Argument des naturalistischen Fehlschlusses, nach dem die erste Prämisse unzulässig ist – vorausgesetzt, daß in (1) eine *sittliche* Pflicht gemeint und »sittliche Pflicht« gleichbedeutend mit »an sich gut« ist. Gegen die Ableitung spricht auch die logisch nicht korrekte Eliminierung von »bedeutet« in (1). Ferner ist noch die Bedeutung von »bedeuten« zu präzisieren. Die Prämisse (1) erhebt *entweder* den Anspruch, den herrschenden Sprachgebrauch wiederzugeben, so daß die Prämisse (1) genauer heißt:

(1′) »Handlung x ist unsere Pflicht« bedeutet im herrschenden Sprachgebrauch nichts anderes als »Handlung x ist uns von Gott befohlen«.

Oder aber die Definition (1) will eine vom herrschenden Sprachgebrauch abweichende Bedeutung empfehlen. Dann hat die Prämisse (1) normative Bedeutung, und das Problem der Ableitung eines Sollens aus einem Sein stellt sich gar nicht. So bleibt nur die erste Möglichkeit, nach der die Prämisse (1) den herrschenden Sprachgebrauch wiedergeben soll, was im Satz (1′) formuliert ist. Aus (1′) folgt aber nicht (1a), sondern:

(1a′) »Handlung x ist uns von Gott befohlen« bedeutet im herrschenden Sprachgebrauch unter anderem »Handlung x ist unsere Pflicht«.

Aus diesem Satz läßt sich nicht (1b) ableiten, denn in (1b) wird ». . . im herrschenden Sprachgebrauch . . .« unterschlagen. Wohl aber läßt sich ableiten:

(1b′) Jede Handlung, die uns von Gott befohlen ist, bedeutet im herrschenden Sprachgebrauch, daß sie unsere Pflicht ist.

Aus (1b′) folgt zusammen mit (2):

(3′) Handlung a ist nach dem herrschenden Sprachgebrauch unsere Pflicht.

Die Konklusion (3′) ist aber ebenso wie die Prämisse (1) ein deskriptiver Satz, so daß auch hier das Problem der Ableitung eines Sollens aus einem Sein entfällt.

Ein weiterer Versuch, das Hume-/Mooresche Verdikt gegen Sein-Sollen-Ableitungen aus den Angeln zu heben, stammt von Black. Nach Black[9] ist es möglich, aus:

(1) A will das Ziel x erreichen.

und

(2) y ist das einzige Mittel zur Erreichung des Zieles x.

den normativen Satz abzuleiten:

(3) A sollte y ausführen.

Gegen diesen Versuch läßt sich *entweder* einwenden, daß die Konklusion (3) nur aufgrund einer verschwiegenen normativen Prämisse schlüssig ist, nämlich aufgrund von:

(0) A sollte die zur Erreichung der gewollten Ziele notwendigen Mittel auch ergreifen.

Oder man könnte sagen, daß jeder, der ein Ziel x erreichen will, auch die zur Erreichung des Zieles notwendigen Mittel ergreifen *will*. Dann aber lautet die Konklusion genaugenommen:

(3′) A *will* y ausführen.

In beiden Fällen entfällt das Problem der Ableitung eines Sollens aus einem Sein.

Einflußreicher als Blacks Beitrag ist Searles Behauptung geworden, ein Gegenbeispiel gegen die These der Nichtableitbarkeit gefunden zu haben. Am Beispiel eines tatsächlich abgegebenen Versprechens glaubt Searle[10] zeigen zu können, wie aus der performativ-deskriptiven Aussage »A gibt das Versprechen x ab« die normative Aussage folgt: »A soll x tun«. Die sprachphilosophische Bedeutung seines Beispiels sieht Searle in der Unterscheidung zweier Arten von deskriptiven Sätzen, von Sätzen über nackte Tatsachen (»ich beabsichtige, x zu tun«) und von Urteilen über institutionelle Tatsachen (»ich verspreche, x zu tun«). Institutionelle Tatsachen bezeichneten *konstitutive* Regeln, durch die bestimmte Formen menschlichen Handelns nicht bloß geregelt, sondern auch geschaffen würden.

So plausibel Searles Gegenbeispiel zunächst erscheint, man kann doch ihm gegenüber auf eine verschwiegene normative Prämisse aufmerksam machen. Man kann nämlich die Frage aufwerfen, warum man nicht ein Versprechen abgeben könne, ohne sich als daran gebunden zu betrachten. So könnte man z. B. deshalb glauben, an das Versprechen nicht gebunden zu sein, weil man die mit der Institution »Versprechen« verbundenen Vorteile genießen will, ohne auch die »Kosten« dafür zu zahlen, nämlich das Versprechen auch einzuhalten. Gegenüber der Möglichkeit einer solchen »Trittbrettfahrer« Einstellung muß man die bisher noch verschwiegene normative Prämisse aussprechen, nämlich daß man Versprechen halten soll. Diese Verpflichtung mag damit begründet werden, daß es sittlich verwerflich sei, das Funktionieren der Institution Versprechen auf Kosten der anderen Teilnehmer an der Institution parasitär auszunutzen, oder damit, daß derjenige, der ein Versprechen abgibt, ohne es halten zu wollen, lügt, daß Lügen aber sittlich verwerflich ist. Auch mag man noch andere Gründe angeben oder behaupten, daß die von Searle so genannten institutionellen Tatsachen keine bloßen Tatsachen seien, sondern von vornherein ein präskriptives Element enthielten. In jedem Fall läßt sich nicht schon aus der bloßen Deskription einer Institution eine normative Verbindlichkeit ableiten.[11] Die Ableitung wird erst unter Voraussetzung eines weiteren Elements, nämlich eines präskriptiven Elements, möglich.

Auch die nähere Analyse anderer Einwände gegen den Sein-Sollen-Fehlschluß bestätigt nur die These, daß sich Sollenssätze aus Seinssätzen allein nicht ableiten lassen. Für ein Naturrechtsdenken, das dem zeitgenössischen metaethischen Methodenbewußtsein gerecht werden will, folgt daraus die Aufgabe, zwischen Seinssätzen und Sollenssätzen zu unterscheiden, die Unterscheidung zuverlässig zu ziehen und sich bei der Begründung von Gerechtigkeitsprinzipien auf eine genuin sittliche Komponente und eine autonome ethische Argumentation zu stützen. Das bedeutet allerdings nicht, daß es unter der Perspektive des Sein-Sollen-Fehlers und des naturalistischen Fehlschlusses notwendig sei, daß sich das Naturrechtsdenken insgesamt und vollständig von deskriptiven, von empirischen oder seinsmetaphysischen Aussagen über den Menschen und die Welt unabhängig machen müsse. Vom Argument der Sein-Sollen-Metabasis und des naturalistischen Fehlschlusses her ist es nur erforderlich, daß das Naturrechtsdenken auf solchen Aussagen nicht allein basiert.

Naturrecht ohne naturalistischen Fehlschluß

Prinzipien der politisch-sozialen Gerechtigkeit lassen sich nicht aus theoretischen Sätzen allein ableiten. Zu einem methodisch einwandfreien Naturrechtsdenken gehört eine autonome ethische Argumentation, in der die Idee des sittlich Guten bzw. der moralische Standpunkt (moral point of view) aufgegriffen, geklärt und soweit möglich in ein höchstes Prinzip und Kriterium der Sittlichkeit präzisiert wird.

Das Resultat dieser autonomen ethischen Überlegung ist noch in einem bestimmten Sinn abstrakt. Durch das gesuchte Prinzip und Kriterium des sittlich Guten wird zwar der

Standpunkt der Moral überhaupt geklärt. Es wird aber noch nicht die spezifische Bedeutung des moralischen Standpunktes angesichts *objektiver* Sittlichkeit im Unterschied zur subjektiven Sittlichkeit bestimmt. So stützt sich das Naturrechtsdenken auf eine allgemeine ethische Argumentation, die für den gesamten Bereich einer normativen praktischen Philosophie gültig ist: ebenso für die Moralphilosophie im engeren Sinn wie für die normative Rechts- und Staatsphilosophie. Es fehlt noch das Besondere des Naturrechtsdenkens: die Begründung eines Prinzips der politisch-sozialen Gerechtigkeit als Kriterium der Sittlichkeit für institutionelle Beziehungen zwischen den Menschen (objektive Sittlichkeit) im Unterschied zur Moralität als der Sittlichkeit einer Person (subjektive Sittlichkeit); es fehlt die Spezifizierung der allgemeinen Idee der Sittlichkeit für den Bereich des Rechts.
Um das spezifische Prinzip der objektiven Sittlichkeit herauszuarbeiten, bedarf es weiterer Argumentationsstücke. *Zunächst* geht es darum, den Gegenstandsbereich des Rechts näher zu bestimmen und zu klären, auf welche Sache das Sittlichkeitsprinzip anzuwenden ist. Zu beantworten ist also die Frage, für welchen Lebensbereich es überhaupt Rechts- und Gerechtigkeitsprinzipien braucht (»circumstances of justice«). *Dann* kommt es darauf an, das allgemeine Sittlichkeitsprinzip auf diesen besonderen Lebensbereich »anzuwenden«. Erst damit läßt sich – wenn überhaupt – das Interesse des Naturrechtsdenkens erfüllen, ein Prinzip des sittlich richtigen Rechts, ein Kriterium der politischen Gerechtigkeit, zu begründen.
So ist ein Naturrechtsdenken ohne naturalistischen Fehlschluß seiner Argumentationsstruktur nach mindestens dreiteilig. In einem *ersten Schritt* ist das genuin sittliche Element zu begründen, ein Prinzip und Kriterium des sittlich Guten überhaupt. Durch diesen Schritt wird der naturalistische Fehlschluß ausdrücklich zurückgewiesen: Der Ursprung und letzte Grund der sittlichen Verbindlichkeit von Naturrechtssätzen liegt nicht in theoretischen Aussagen, in empirischen

oder metaphysischen Behauptungen über den Menschen und die Welt. Er liegt vielmehr im sittlich Guten, im Standpunkt der Moral.

Der Standpunkt der Moral allein begründet jedoch keine Verbindlichkeiten für die *Rechts*ordnung. Deshalb braucht das Naturrechtsdenken als *zweites Element* Überlegungen zu den »circumstances of justice«, zu den Bedingungen also, unter denen sich überhaupt Rechtsprobleme stellen und die Idee der sittlichen Verbindlichkeit ihre Anwendung als politische Gerechtigkeit findet. Diese Überlegungen gehen von der Natur des Menschen oder allgemeiner: von der Natur endlicher Vernunftwesen aus; sie sind also nicht normativer, sondern in einem weiteren Sinne theoretischer oder deskriptiver Natur.

Dort, wo die deskriptive Prämisse fehlt, begeht man einen *normativistischen Fehlschluß*. Darunter verstehe ich die zum Sein-Sollen- und zum naturalistischen Fehlschluß entgegengesetzte Vorstellung, aus normativen Überlegungen allein ließen sich spezifische oder gar konkrete Verbindlichkeiten menschlichen Lebens und Zusammenlebens ableiten. Tatsächlich ergeben rein normative Überlegungen nur einen allgemeinsten Beurteilungsmaßstab, der noch mit den spezifischen Sachgesetzlichkeiten des in Frage stehenden Lebensbereiches vermittelt werden muß, hier zunächst mit den Anwendungsbedingungen der (politischen) Gerechtigkeit.

Durch die methodisch eigenständige Begründung des sittlich Guten wird das Naturrechtsdenken zugleich frei, in dem zweiten, dem deskriptiven Schritt empirische Daten in der ganzen Fülle humanwissenschaftlicher Forschung (etwa von Biologie, Ethnologie, Psychologie, Soziologie, Ökonomie und Geschichtswissenschaft) zu berücksichtigen. Genauer: Das Naturrechtsdenken wird für die Berücksichtigung empirischer Tatsachen nicht bloß frei. Es fordert sie direkt heraus. Denn erst aus der Verbindung des normativen Elements mit dem deskriptiven Element, den Anwendungsbedingungen, lassen sich Naturrechtssätze, spezifische Prinzipien der

Gerechtigkeit, begründen. Diese Verbindung, die Vermittlung des Prinzips der Sittlichkeit mit den Anwendungsbedingungen des Rechts, stellt den *dritten Schritt* eines Naturrechtsdenkens ohne naturalistischen Fehlschluß dar.
Das entscheidende Element im Programm eines Naturrechtsdenkens ohne naturalistischen Fehlschluß liegt in der methodischen Unterscheidung eines sittlichen (normativen) von einem nichtnormativen Element sowie in der Einsicht, daß sich nur aus der Vermittlung beider Elemente Prinzipien politischer Gerechtigkeit gewinnen lassen. Ein Naturrechtsdenken ohne naturalistischen Fehlschluß entspricht in seiner Grundstruktur einem praktischen Syllogismus: Aus einer normativen Prämisse, dem Prinzip der Sittlichkeit, und einer deskriptiven Prämisse, den Anwendungsbedingungen von Gerechtigkeit, wird die normative Konklusion gezogen, das Prinzip der Gerechtigkeit. Da es hier vornehmlich um die grundlegende Argumentationsstruktur eines Naturrechtsdenkens ohne naturalistischen Fehlschluß geht, können die einzelnen Elemente für sich nur thetisch und ganz grob skizziert werden.

Um die angemessene Klärung des Prinzips und Kriteriums der Sittlichkeit streiten sich die verschiedenen philosophischen Richtungen. In der neuzeitlichen und zeitgenössischen Philosophie werden vor allem drei Kriterien vertreten:
(1) der etwa von Hobbes mitvertretene, bei ihm aber nicht allein entscheidende individualpragmatische Maßstab des Selbstinteresses oder des eigenen Wohlergehens;
(2) das sozialpragmatische oder utilitaristische Kriterium des Wohlergehens aller Betroffenen; eine Variante dazu ist die normative Grundprämisse des Naturrechtsdenkens von Hart[12], der im Anschluß an Hobbes und Hume vom Generalinteresse des Menschen am gemeinsamen (kollektiven) Überleben ausgeht;
(3) das etwa von Kant begründete, neuerdings in der englischsprachigen Moralphilosophie, in Rawls' Gerechtig-

keitstheorie und in der Diskurstheorie von Apel und Habermas aufgegriffene Kriterium der strikten Universalisierbarkeit der Handlungsprinzipien.

Um die Frage nach dem richtigen Kriterium zu lösen, muß man sich in diese Kontroverse zwischen den verschiedenen Ansätzen einlassen. Dazu nur wenige Hinweise: Das sittlich Gute bzw. der Standpunkt der Moral bezeichnet den schlechthin höchsten Anspruch, den wir an menschliche Praxis stellen können. Insofern verstehen wir unter Sittlichkeit die Idee eines schlechthin oder ohne Einschränkung Guten, die Idee von etwas, das nicht erst zu oder für etwas anderes, das vielmehr an und für sich selbst gut, das daher unbedingt verbindlich ist. Uneingeschränkt oder unbedingt verbindlich ist aber eine Praxis, die weder bloß für diesen oder jenen Menschen oder Menschentyp, noch bloß für diesen oder jenen Umstand oder Lebensbereich richtig, kurz: die in keiner Weise partikular, die vielmehr universal gültig ist. Positiv formuliert: Die strikte Universalisierbarkeit einer Praxis ist zugleich ein Merkmal ihrer sittlichen Verbindlichkeit. Insofern läßt sich die oben angedeutete Konkurrenz zugunsten Kants entscheiden. Das höchste Kriterium des sittlich Guten liegt nicht im individuellen oder kollektiven Wohlergehen, sondern in der strikten Universalisierbarkeit der Handlungsprinzipien. Das schließt allerdings nicht aus, daß sich mit Hilfe des Prinzips der Universalisierbarkeit die utilitaristische Maxime oder das Kriterium der Selbsterhaltung als eine nähere Formulierung sittlicher Verbindlichkeit für einen gewissen Lebensbereich legitimieren oder aber disqualifizieren lassen. Jedenfalls sind es nicht das individuelle oder kollektive Wohlergehen, die das *schlechthin letzte* Merkmal und Kriterium der Sittlichkeit abgeben.

Aufgrund dieser Überlegung ist auch der Hartsche Naturrechtsansatz zu kritisieren. Selbst wenn es unter den gegenwärtigen Bedingungen pluralistischer Gesellschaften als sinnvoll erscheint, nach einem Minimalkonsens zu suchen, und mindestens ein wesentliches Element dieses Minimalkonsenses im Generalinteresse der Menschheit am Überleben liegt, so fehlt doch – unter philosophischer Perspektive betrachtet – bei Hart eine wirkliche Begründung – und auch Relativierung seiner entscheidenden normativen Basis. Methodisch gesehen enthält Harts Naturrechtsansatz einen dogmatischen Rest, ein Vorwurf, der auch gegenüber Hobbes und dem Utilitarismus zu machen ist.

Die Sache des Rechts und zugleich das Problem der Gerechtigkeit (die »circumstances of justice«) entstehen aus dem Zusammenspiel von drei Momenten, die mit der Natur des Menschen verbunden sind. Recht und Gerechtigkeit braucht es *erstens*, weil und insoweit die Menschen denselben Lebensraum mit ihresgleichen teilen und es deshalb nicht verhindern können, mindestens gelegentlich in wechselseitigen Einfluß miteinander zu geraten. Recht und Gerechtigkeit betreffen die Personen nicht je für sich, sondern in ihrer wechselseitigen Beeinflussung, in ihrem Miteinanderleben.

Recht und Gerechtigkeit sind *zweitens* vonnöten, weil die Menschen in dem Sinn frei sind, daß sie sich selbst Zwecke für ihr Tun und Lassen setzen und geeignete Mittel und Wege ihrer Realisierung bestimmen können, ohne von vornherein ausschließlich vernünftige Zwecke zu setzen; die Menschen sind – in der Sprache der Tradition – bedürftige Freiheitswesen (Vernunftwesen) bzw. freie (vernünftige) Bedürfniswesen.

Drittens braucht es Recht und Gerechtigkeit, weil das Miteinanderleben der Menschen als endlicher Freiheitswesen tendenziell bedroht ist. Denn endliche Freiheitswesen befinden sich beim Setzen und Verfolgen ihrer Zwecke weder – wie reine Vernunftwesen – notwendig in Harmonie mit ihresgleichen, noch sind ihre Beziehungen – wie bei reinen Naturwesen, etwa aufgrund angeborener artspezifischer Verhaltensmuster (Instinkte) – von festen Naturgesetzmäßigkeiten bestimmt. Die Menschen leben daher nicht notwendig in friedlicher Koexistenz miteinander. Die gegenseitigen Beeinflussungen können vielmehr zu wechselseitigen Bedrohungen der menschlichen Handlungsfreiheit führen, Bedrohungen, die sich eventuell bis zur gegenseitigen Vernichtung verschärfen. Zwar ist diese Verschärfung keineswegs notwendig; doch ist sie möglich und viel zu häufig auch wirklich. Da das Miteinanderleben nicht naturgesetzlich durchdeterminiert noch notwendig durch reine Vernunft bestimmt ist, kann es so, aber auch anders gestaltet werden. Es ist die Aufgabe des Rechts, die Grundstruktur des Zusammenlebens zu bestimmen, und die Aufgabe der Gerechtigkeit, die Grundstruktur so zu bestimmen, daß sie dem Prinzip und Kriterium der Sittlichkeit genügt.[13]

Die Vermittlung des Prinzips der Sittlichkeit mit den Anwendungsbedingungen der Gerechtigkeit fordert, das Miteinanderleben nach Grundsätzen zu gestalten, denen die Qualität des sittlich Guten gebührt. Nun hatte sich als Merkmal des Sittlichen die Universalisierbarkeit der Handlungsprinzipien ergeben. Durch die Verbindung dieses normativen Merkmals der strikten Universalisierbarkeit mit der Rechtsaufgabe, die Struktur des Zusammenlebens zu gestalten, ergibt sich das grundlegende Rechtsprinzip.

Dem Anspruch des sittlich Guten auf strikte Universalisierbarkeit genügt eine politische Grundordnung (Rechts- und Staatsordnung), die die gegenseitige tendenzielle Bedrohung menschlicher Handlungsfreiheit aufhebt, und zwar so aufhebt, daß die Handlungsfreiheit weder nur für bestimmte Personenkreise (die Mächtigen) noch bloß vorübergehend gesichert wird, nämlich unter Voraussetzung einer Gleichgewichtskonstellation der Macht aller Betroffenen. Eine strikt universale Aufhebung der wechselseitigen Freiheitsbedrohung geschieht aber dort, wo die unbegrenzte Handlungsfreiheit eines jeden nach Maßgabe der Vereinbarkeit mit der Handlungsfreiheit eines jeden anderen gemäß allgemeiner und somit für alle Personen und Situationen streng gleicher Grundsätze eingeschränkt und zugleich gesichert wird. Mit diesem Prinzip wechselseitiger Einschränkung und Sicherung von Freiheit ist der sittliche Maßstab jedes Zusammenlebens freier Bedürfniswesen benannt. Es ist das erste Naturrechtsprinzip, das höchste normativ-kritische Prinzip zur Beurteilung der Gerechtigkeit, nicht der positiven Geltung des objektiven Rechts. Zugleich begründet dieser Maßstab objektiven Rechts auch ein höchstes subjektives Recht, nämlich den Anspruch jedes frei handelnden Wesens gegen jeden anderen, mit ihm in einer Beziehung gemäß dem objektiven Rechtsprinzip zu leben.

Die Vermittlung des Prinzips der Sittlichkeit mit den Anwendungsbedingungen von Recht und Gerechtigkeit ist eine zureichende Bedingung für ein Naturrechtsdenken, das sich nicht des naturalistischen Fehlschlusses schuldig machen will. Das Naturrechtsdenken steht aber nicht nur unter der Aufgabe, den naturalistischen Fehlschluß zu vermeiden. Es kommt ihm auch darauf an, möglichst präzise und konkrete Kriterien für ein gerechtes Zusammenleben zu begründen. Nun folgt aus den bisherigen Überlegungen erst ein allgemeines Gerechtigkeitsprinzip. So bleibt noch die Aufgabe, das allgemeine Gerechtigkeitsprinzip gemäß den verschiedenen Grundaspekten der politisch-sozialen Welt in besondere Bestimmungen aufzufächern. Eine solche Auffächerung führt etwa zur Legitimation von Menschenrechten als Grundrechten (von persönlichen Freiheitsrechten, politischen Mitwirkungsrechten, dann auch sozialen Grundrechten) bzw. von fundamentalen Staatszielbestimmungen (so der Prinzipien der Rechts- und Verfassungsstaatlichkeit, der Demokratie und der Sozialstaatlichkeit).

Grundrechte oder fundamentale Staatszielbestimmungen gebieten für sich genommen nur zum geringen Teil unmittelbar ein Tun oder Lassen. Weit mehr stellen sie normative Leitprinzipien (Normen zweiter Ordnung) dar, auf die das öffentliche Handeln verpflichtet ist, das heißt: nach deren Maßgabe die politisch-sozialen Verhältnisse wahrgenommen, beurteilt und entworfen werden sollen, ohne daß schon genau gesagt ist, was daraus für die verschiedenen Bereiche öffentlichen Handelns genau folgt und wie das hier und jetzt Gerechte aussieht. Zur geschichtlichen Konkretion der Gerechtigkeit gehören noch weitere normative Kriterien sowie empirische Kenntnisse der Wirtschafts- und Sozialwelt. Daher kommt es darauf an, die naturrechtlich begründeten Prinzipien der politisch-sozialen Gerechtigkeit mit den Funktionsanforderungen hochkomplexer Industriegesellschaften und ihrer jeweiligen gesellschaftlich-geschichtlichen Situation methodisch zu vermitteln. In dieser Aufgabe, die ich andernorts als »Strategien der Humanität«[14] bzw. als »Strategien politischer Gerechtigkeit«[15] bezeichnet und exemplarisch zu lösen gesucht habe, vollendet sich das Naturrechtsdenken ohne naturalistischen Fehlschluß.

Anmerkungen

1 Vgl. A. P. d'Entrèves, *Natural Law*, London ²1970; J. Messner, *Das Naturrecht. Handbuch der Gesellschaftsethik, Staatsethik und Wirtschaftsethik*, Berlin ⁷1984; *Natural Law Forum*, Notre Dame (Ind.) 1 (1956) – 13 (1968); *Annales de philosophie politique*, Bd. 3: *Le droit naturel*, Paris 1959; neuerdings: J. Finnis, *Natural Law and Natural Rights*, Oxford ²1982; T. Mayer-Maly / P. M. Simons (Hrsg.), *Das Naturrechtsdenken heute und morgen*, Berlin 1983.
2 H. Kelsen, *Reine Rechtslehre*, Wien ²1960, S. 404 ff.
3 Vgl. W. D. Hudson (Hrsg.), The *Is-Ought-Question*, London 1969, Tl. 1.
4 Finnis (Anm. 1) Kap. II.5.
5 Zum formallogischen Beweis der »Humeschen Regel« vgl. – nach Vorarbeiten von F. Kutschera – R. Stuhlmann-Laeisz, *Das Sein-Sollen-Problem*, Stuttgart 1983.
6 G. E. Moore, *Principia Ethica*, übers. und hrsg. von B. Wisser, Stuttgart 1970 [u. ö.] (Reclams Universal-Bibliothek, Nr. 8375 [4].)
7 W. K. Frankena, »The Naturalistic Fallacy«, in: *Mind* 48 (1938)

S. 464–477 (dt. »Der naturalistische Fehlschluß«, in: *Seminar: Sprache und Ethik*, hrsg. von G. Grewendorf und G. Meggle, Frankfurt a. M. 1974, S. 83–99).

8 N. Hoerster, »Zum Problem der Ableitung eines Sollens aus einem Sein in der analytischen Moralphilosophie, in: *Archiv für Rechts- und Sozialphilosophie* 55 (1969) S. 11–37.

9 M. Black, »The gap between ›Is‹ and ›Should‹«, in: Hudson (Anm. 3) S. 99–113.

10 J. R. Searle, »How to derive ›Ought‹ from ›Is‹, in: *The Philosophical Review* 73 (1964) S. 43–58; wiederabgedr. in Hudson (Anm. 3) S. 120–134; und J. R. S., *Speech Acts. An Essay in The Philosophy of Language*, Cambridge [2]1970, Kap. 8.

11 Zur Diskussion um Searle: s. Hudson (Anm. 3) Tl. 3.

12 H. L. A. Hart, *The Concept of Law*, New York / London 1961, S. 182 ff. (dt. *Der Begriff des Rechts*, Frankfurt a. M. 1973).

13 Vgl. in der vorliegenden Ausgabe S. 56 ff. »Den Staat braucht selbst ...«.

14 O. Höffe, *Strategien der Humanität*, Freiburg i. Br. / München 1975; Frankfurt a. M. 1985 (stw 540). – Zur Naturrechtsproblematik von seiten des Verfassers s. a.: O. H., *Politische Gerechtigkeit*, Frankfurt a. M. 1987, Kap. 4, und Art. »Naturrecht«, in: *Staatslexikon*, Bd. 3, Freiburg i. Br. 1987, Sp. 1296–1308 und 1316 f.

15 In: O. H., *Ethik und Politik*, Frankfurt a. M. [3]1987, Kap. 15.

Den Staat braucht selbst ein Volk von Teufeln: ein Dilemma der natürlichen Gerechtigkeit

»Den Staat braucht selbst ein Volk von Teufeln« – dieser Titel klingt vielleicht schön; für einen akademischen Vortrag erscheint er jedoch als unseriös, für eine philosophische These als metaphysisch vorbelastet; und praktisch-politisch gesehen wirkt er staatsfromm. Denn erstens glauben wir nicht mehr an Teufel; zweitens macht uns ein eventueller Restglaube nicht so naiv, daß wir damit eine säkularisierte Gesellschaft überzeugen wollen; nicht zuletzt ist der Staat eine Zwangsinstitution, der wir lieber zum Absterben verhelfen als zum guten Gewissen und damit zur Verfestigung seiner Macht.

Trotzdem möchte ich diesen schönen Titel verteidigen; und ich berufe mich nicht auf den Urheber, Immanuel Kant.[1] Den Titel habe ich nämlich aus sachlichen Gründen gewählt. Er faßt, so meine These, in pointierter Klarheit die Grundaufgabe einer Rechts- und Staatslegitimation zusammen. Und diese Aufgabe ist weder durch eine alteuropäische Metaphysik noch durch einen Restglauben an Teufel oder eine neukonservative Staatsfrömmigkeit vorgeprägt. Vor allem arbeitet sie mit einem leichten philosophischen Gepäck, überdies mit einem Gepäck, das – freilich nur in einem schwachen Sinn – eine Letztbegründung leistet. Das, was in einer Kontroverse um die Rechts- und Staatslegitimation umstritten sein kann, sucht sie zu begründen; unstrittige Elemente setzt sie dagegen voraus.

Im übrigen soll das Zitat in der gegenwärtigen Wiederbelebung von Theorieansätzen der Aufklärungsepoche eine kleine Korrektur vornehmen. Den Philosophen, die wie John Rawls[2] das Denken Kants rehabilitieren wollen, wird in Erinnerung gerufen, daß im Rahmen einer politischen Ethik eher dessen rechtsphilosophische Schriften als die *Grundlegung*

zur Metaphysik der Sitten der angemessene Bezugstext sind; weiterhin daß zu Kants Rechtsphilosophie die Legitimation einer öffentlichen Zwangsmacht hinzugehört, nicht zuletzt daß Kants Rechts- und Staatsphilosophie von der Hobbes' gar nicht so weit entfernt ist. Wichtiger als die damit angedeutete philosophiehistorische Korrektur ist mir aber die systematische Behauptung.
Die These, den Staat brauche selbst ein Volk von Teufeln, ist anspruchsvoll. Sie zu begründen erfordert eine Reihe von Argumentationsschritten. Von ihnen kann ich hier die ersten Schritte nur skizzieren, um dann den einen Schritt, den der Untertitel nennt, etwas näher auszuführen: das Dilemma der natürlichen Gerechtigkeit.[3]

Legitimationsaufgabe: Zwangsbefugnis

Die Argumentation beginnt mit einem Begriff von Staat, der rigoros auf die Elemente zusteuert, die in einer Staatslegitimation umstritten sind, und diese Elemente gegen jene absetzt, die unstrittig, und zwar grundsätzlich unstrittig sind. Umstritten ist primär, ob ein Zwang von Menschen gegen Menschen, ein sozialer Zwang, überhaupt legitim sei, sekundär, ob ein gegebenenfalls legitimer Zwang rechts- und staatsförmig gestaltet sein dürfe. Weil die Berechtigung sozialen Zwangs kontrovers ist, setzt sich die Staatslegitimation mit jenem philosophischen Anarchismus auseinander, der die Legitimität bestreitet und statt dessen die Idee der Herrschaftsfreiheit verteidigt, und zwar die Herrschaftsfreiheit als ein Gesellschaftsprinzip und nicht etwa als ein Legitimationsprinzip. Denn in dieser zweiten, legitimatorischen Bedeutung ist der Gedanke der Herrschaftsfreiheit dem philosophischen Diskurs spätestens seit Platons Staatsgenese in der *Politeia* geradezu selbstverständlich. Klammert man systematisch sekundäre Ethik-Kontroversen ein, so kann die Herrschaftsfreiheit, als Legitimationsprinzip verstanden, mit dem Standpunkt der Moral in Recht und Staat gleichgesetzt werden, also mit der Idee der politischen Gerechtigkeit.

Während die Zwangsbefugnis kontrovers ist, ist die Annahme unkontrovers, daß mehrere Menschen in derselben Außenwelt zusammenleben. Die Annahme klingt sogar trivial; jedenfalls entfiele ohne sie die Legitimationsaufgabe. Wo jemand, wie Robinson vor der Ankunft Freitags, auf einer einsamen Insel lebt, kann er weder Opfer noch Täter eines sozialen Zwangs sein.

In unserem »schönen Titel« steckt nun die Legitimationsaufgabe im Ausdruck des Staates, das Faktum der Koexistenz dagegen in dem des Volkes; unter »Volk« ist hier nämlich nichts anderes als eine Mehrzahl von Exemplaren einer Gattung zu verstehen, heiße diese Gattung nun *homo sapiens* oder auch *diabolus*.

Mit der Legitimationsaufgabe »Zwangsbefugnis« kritisiere ich übrigens Staatsbegründungen, die wesentlich andere oder wesentlich mehr Voraussetzungen machen. Andere Voraussetzungen sind etwa in den Kooperationsmodellen der Staatstheorie enthalten, beispielsweise bei Aristoteles. Dessen Entwicklung der epochemachenden These von der Staatsnatur, genauer: Polis-Natur, des Menschen (»physei politikon zoon«: *Politik* 1,2) zeigt nämlich – und dies mit Gründen, die im wesentlichen bis heute gültig sind –, daß für die Menschen eine differenzierte Kooperationsgemeinschaft vorteilhaft ist. Sie zeigt aber kaum, daß die Kooperationsgemeinschaft Rechts- und Staatscharakter haben darf. Die Zwangsbefugnis kommt nämlich nur am Rande zur Sprache, dann freilich mit einem Hinweis, der überraschend modern klingt. Wer von Natur aus ohne eine Polis lebt, sagt Aristoteles (ebd.), ist gierig nach Krieg.

Ich kritisiere nicht nur das klassische Kooperationsmodell, sondern auch eine gemischte Theorie, wie sie etwa in Rawls' Aussagen über die »Anwendungsbedingungen der Gerechtigkeit«[4] enthalten ist. Rawls hebt hier sowohl die Vorteile einer wirtschaftlichen Zusammenarbeit hervor als auch die

Konflikte, die bei der Verteilung des Wirtschaftsertrages entstehen. Solche Überlegungen kann man, positiv, als die Verbindung eines Kooperationsmodells der Staatsbegründung mit einem Konfliktmodell ansehen. Ich glaube aber eher, daß sie die Kooperationsfragen, die ökonomischer Natur sind und rein als solche keinerlei Zwangsprobleme aufwerfen, mit Konfliktproblemen vermischen, die es teilweise schon vor und unabhängig von jeder wirtschaftlichen Kooperation gibt und die insofern eine grundlegendere Schicht der Rechts- und Staatslegitimation ausmachen.

Legitimationsprämisse: distributiver Vorteil

Nachdem die Legitimationsaufgabe »Zwangsbefugnis« benannt ist, gilt es zu überlegen, was bei der Zwangsbefugnis »legitimieren« bzw. »Legitimation« bedeutet. Während das Zusammenleben in derselben Außenwelt eine – schwache – empirische oder anthropologische Prämisse ist, führt der mit dieser Frage herausgeforderte zweite Argumentationsschritt zu einer ethischen Prämisse. Das Grundmuster der politischen Legitimation heißt insgesamt: »Anthropologie plus Ethik«. Mit diesem Legitimationsmuster wird sowohl der Sein-Sollen-Fehler vermieden, der gelegentlich, aber nicht ganz korrekt, »naturalistischer Fehlschluß« heißt, als auch der konträre »normativistische Fehler« oder »argumentationslogische Moralismus«. Unter dem zweiten Fehler verstehe ich die Annahme, man könne substantielle Aussagen über die menschliche Praxis aus normativen, näherhin: moralischen, Argumenten *allein* gewinnen.
Im zweiten Argumentationsschritt wäre eigentlich ein Gutteil ethischer Grundlagendiskussion samt ihren vielfältigen Kontroversen und Verästelungen vorzuführen. Ich begnüge mich – zugegeben: etwas thetisch – mit einem Vorschlag. Der soziale Zwang gelte dann als legitim, wenn das Bestehen des Zwanges für die Betroffenen, und zwar für jeden einzelnen

der Betroffenen, vorteilhafter ist als das Nichtbestehen. Weil es auf den Vorteil der Betroffenen ankommt, ist das Kriterium pragmatisch; und es ist eine schwache, zwischen Staatskritikern und Staatsverfechtern nicht strittige Legitimationsprämisse. Falls sich das Bestehen sozialen Zwanges tatsächlich als vorteilhafter erweisen sollte denn das Nichtbestehen, besteht ein Interesse, den sozialen Zwang einzurichten.

Das normative Kriterium, auf das ich mich berufe, ist freilich auch mehr als pragmatisch; es hat die Qualität des Moralischen bzw. des Gerechten. Denn der soziale Zwang soll nicht einige, auch nicht bloß – utilitaristisch – die meisten bzw. die Gesamtheit qua Kollektiv besser stellen; er soll für alle, und zwar distributiv alle vorteilhaft sein. Ohne Zweifel wird durch dieses Element das Legitimationskriterium zu einer starken Prämisse. Aber ich glaube, daß nur dieser Prämisse die Staatskritiker ebenso zustimmen können wie die Staatsverfechter; nur das Kriterium »für jeden vorteilhaft« bleibt gegenüber ihrem Legitimationsstreit neutral. Solange es bei einem sozialen Zwang nur einer Gruppe oder, utilitaristisch, dem Durchschnitt der Betroffenen besser geht als beim Fehlen des Zwangs, liegt für einige, eben die Benachteiligten, ein bloßer Zwang vor, eine Gewalt: *violentia*, nicht *potestas*.

Andererseits heißt »für jeden vorteilhaft«, daß der einzelne nur auf seinen eigenen Vorteil zu achten braucht und keineswegs die Interessen anderer mitberücksichtigen muß. In der Sprache der philosophischen Tradition heißt das *principium diiudicationis*: Gerechtigkeit, das *principium executionis* dagegen: Klugheit. Falls es dies geben sollte: eine Zwangsbefugnis, die für jeden vorteilhaft ist, so findet bei ihr eine Koinzidenz von Gerechtigkeit und Selbstinteresse statt. Wegen der Orientierung am Vorteil braucht es für die Anerkennung der Zwangsbefugnis nur das aufgeklärte Selbstinteresse; trotzdem ist das, was anerkannt wird, gerecht; denn gefordert ist ein Vorteil für jeden.

Vom Kant-Zitat unseres Titels her gesehen steckt die Prämisse »Selbstinteresse« in einem Zusatz, den ich ausgelassen habe. Kant sagt über die Teufel einschränkend: »wenn sie nur Verstand haben«, und das heißt: wenn sie in ihrem wohlverstandenen Selbstinteresse handeln. Unter einem Teufel, der Verstand haben soll, verstehe ich nun jemanden, der das Motivationsprinzip »Klugheit« verabsolutiert und sich im Zusammenleben mit seinesgleichen von nichts als Klugheit leiten läßt. Dort, wo sie sich Vorteile davon versprechen, werden Teufel kooperieren, wo nicht, werden sie sich skrupellos über die Interessen anderer hinwegsetzen und bedenkenlos zu Unehrlichkeit und Betrug neigen. Mit »Teufeln, die Verstand haben« sind also konsequente oder radikale Egoisten gemeint.

Gegen unsere Legitimationsprämisse eines konsequenten Egoismus könnte man einwenden, sie würde die Rechts- und Staatsbegründung an eine empirisch wenig plausible Annahme binden. Denn bei den Menschen, auf deren Koexistenz es allein ankomme, sei das Selbstinteresse immer schon durch gewisse soziale Sympathien und Rücksichtnahmen abgemildert; eine »realistische« Rechts- und Staatslegitimation stütze sich daher auf einen gemäßigten und keinen radikalen Egoismus.

Dieser Einwand übersieht aber die methodische Rolle, die der radikale Egoismus hier spielt. Als normative Prämisse hat er keine anthropologische, sondern eine legitimatorische Bedeutung, was besagt, daß bei einer Mäßigung des Egoismus dem Selbstinteresse Einschränkungen auferlegt werden, die eine gründliche Legitimation nicht voraussetzen darf, vielmehr ausweisen muß.

Mit der philosophischen Intention einer möglichst gründlichen Legitimation ist auch jener Gedanke eines »überlappenden Konsenses« nicht vereinbar, den neuerdings Rawls vertritt.[5] Von der empirischen Frage abgesehen, inwieweit in den modernen Demokratien der »überlappende Konsens« tatsächlich besteht, bedeutet er eine – wenn auch vielleicht freiwillig übernommene – Vorabverpflichtung. Für eine gründliche Legitimation haben Vorabverpflichtungen allenfalls eine heuristische Bedeutung. Sie zeigen, zu welchem Resultat die Legitimation führen könnte, entheben uns aber nicht der Aufgabe, das entsprechende Legitimationsresultat argumentativ zu entwickeln. Analog ist einer der Gegenspieler Rawls', Robert Nozick, zu kritisieren, wenn er seiner Staatslegitimation Naturrechtsforderungen zugrunde legt, die er mit Locke-Zitaten belegt, aber nicht argumentativ ausweist.[6]

Die so weit skizzierten ersten zwei Argumentationsschritte definieren die Legitimationsaufgabe, die anthropologische und die ethische Legitimationsprämisse. Die nächsten beiden Schritte führen die Legitimation durch. Dabei ist zunächst zu prüfen, ob es solche Koexistenzregeln überhaupt gibt, die für jeden vorteilhaft sind, so daß Gerechtigkeit und Selbstinteresse tatsächlich koinzidieren. Sodann ist zu fragen, ob die Koinzidenz von der Art ist, daß die Regeln einen Zwang und dabei vielleicht die Staatsform des Zwangs rechtfertigen. Die im dritten Argumentationsschritt gesuchten allseits vorteilhaften, aber noch zwangsfreien Koexistenzregeln nenne ich die moralischen Prinzipien des Rechts oder die Prinzipien der natürlichen, nämlich vorpolitischen bzw. vorstaatlichen Gerechtigkeit. Dort, wo sich diese Prinzipien mit einem staatsförmigen Zwang verbinden, spreche ich von politischer bzw. staatlicher Gerechtigkeit.
Bei der nun folgenden zweiteiligen Argumentation ist nicht nur wichtig, daß sie am Ende die Staatsform menschlichen Zusammenlebens legitimiert. Ebenso wesentlich ist die Zweistufigkeit der Legitimation und die Reihenfolge der Legitimationsstufen. Im Gegensatz zu einer »staatsfrommen Legitimation« erklärt die zweiteilige Argumentation die staatliche Zwangsgewalt nicht unmittelbar, sondern nur relativ zu allseits vorteilhaften Koexistenzregeln für berechtigt: Erstens erscheint eine Zwangsinstitution wie das Staatswesen als nur subsidiär legitim, zweitens geht die Legitimation der Rechts- und Staatsordnung mit ihrer Limitation einher.

Natürliche Gerechtigkeit

Bei der ersten Legitimationsfrage, der nach allseits vorteilhaften Koexistenzregeln, will man nicht etwa wissen, ob die eine Regel vorteilhafter als die andere ist. Die legitimatorische Neugier ist eine Stufe radikaler. Gefragt ist, ob unter bestimmten Bedingungen eine Regelung der Koexistenz besser ist als eine Nichtregelung.

Wo es keine Regeln gibt – die staatsphilosophische Tradition spricht vom Naturzustand, ich präzisiere: vom *primären Naturzustand* –, dort darf der Mensch tun und lassen, was ihm beliebt. Er darf beispielsweise seinesgleichen beleidigen, berauben, sogar töten. So hat das unbegrenzte Dürfen die positive Seite, daß die Willkür oder Handlungsfreiheit eines jeden in sozialer Hinsicht uneingeschränkt ist Sie hat aber auch die Kehrseite, daß jeder der unbegrenzten Willkür der anderen ausgesetzt wird. Wo sich jeder die Freiheit vorbehält, seinesgleichen zu beleidigen, zu bestehlen oder zu töten, dort ist jeder auch das mögliche Opfer der entsprechenden Freiheit der anderen. Der primäre Naturzustand besteht darin, sowohl Opfer als auch Täter zu sein.

Nimmt man dagegen wechselseitige Freiheitsverzichte an, so bleibt die Korrelation von Opfer und Täter erhalten, aber aus dem Sowohl-als-Auch wird ein Weder-Noch. Indem jeder einen Teil seiner Freiheit aufgibt, ist er nicht mehr das Opfer der entsprechenden Freiheit der anderen, und der Freiheitsverzicht wird mit einem gewissen Freiheitsrecht belohnt: der allseitige Verzicht zu töten mit dem Recht auf Leib und Leben; der allseitige Verzicht zu beleidigen mit dem Recht auf Ehre usw.

Im wechselseitigen Freiheitsverzicht wird jedem etwas von seiten der anderen gegeben; es findet ein Tausch statt. Von den uns vertrauten Formen des Tauschens unterscheidet sich dieser Freiheitstausch jedoch in einer wichtigen Hinsicht. Das gegenseitige Nehmen und Geben besteht in Verzichten und nicht, wie etwa bei der wirtschaftlichen Kooperation, in positiven Leistungen; der Freiheitstausch ist ein negativer Tausch. Allerdings hat der negative Tausch *eo ipso* eine positive Bedeutung. Die gegenseitige Freiheitseinschränkung stellt als solche eine Freiheitssicherung dar; der Freiheitsverzicht wird mit einem Freiheits»recht« belohnt. Dabei bedeutet die Belohnung nicht etwa die Wirkung zum Freiheitsverzicht als Ursache; sie ist vielmehr nichts anderes als die positive Seite des Freiheitsverzichtes. Dort, wo man wechselseitig auf seine Tötungsfreiheit verzichtet, wird »automatisch« die Integrität von Leib und Leben gesichert; dort, wo man auf die Freiheit zu beleidigen verzichtet, wird *ipso facto* die Ehre geschützt. So sind Freiheitsverzicht und Freiheitsrecht zwei Seiten eines und desselben sozialen Vorgangs; die Freiheitsverzichte sind die Bedingung der Möglichkeit der entsprechenden Freiheitsrechte. Ich nenne die von wechselseitigen Freiheitsverzichten bestimmte Koexistenz den *sekundären* Naturzustand.

Die Legitimationsfrage lautet nun: Was will der Mensch lieber, den primären oder den sekundären Naturzustand; will er lieber die Freiheit zu töten, aber verbunden mit der Gefahr, selber getötet zu werden, oder zieht er die Integrität seines Leibes und Lebens vor, jedoch zum Preis, seinesgleichen nicht mehr töten zu dürfen?

Nach einer ersten, der Hobbesschen Antwort hat jeder Mensch ein höchstes Begehren im Sinne von einem *dominanten Begehren*; das heißt: ein Interesse, das alle anderen Interessen überragt. Der Mensch, sagt Hobbes, will nichts mehr, als einen gewaltsamen Tod durch seinesgleichen vermeiden. Konsequenterweise ist ihm alles andere, auch die Tötungsfreiheit, von sekundärer Bedeutung, und der im gegenseitigen Tötungsverzicht enthaltene Tausch der Tötungsfreiheit gegen das Lebensrecht ist eindeutig und für jeden vorteilhaft. Hobbes' Annahme lebt in einem Schlagwort fort, das im kalten (Konfessions-)Krieg unseres Jahrhunderts die Runde machte: »Lieber rot als tot.« Diese Annahme ist jedoch bestenfalls generell gültig. Gerade die politische Situation, in der Hobbes seine Staatsphilosophie entwickelt hat, die Situation der konfessionellen Bürgerkriege der frühen Neuzeit, zeigt, daß manchen Menschen die Glaubensfreiheit wichtiger ist als das bloße Überleben; anderen liegt mehr an der Ehre, wieder andere folgen dem friesischen Wahlspruch »Lewwer duad as Slaav« und wollen lieber sterben als fremden Herren untertan sein. Der »Hobbessche Versuch«, unsere Frage zu beantworten, schlägt fehl. Und dasselbe trifft für jede andere Annahme eines dominanten Begehrens zu. Es gibt kein Begehren, das universaliter für jeden Menschen absolut dominant ist.

Eine zweite Antwort bleibt bei einem höchsten Begehren, versteht es aber als inklusives, nicht dominantes Interesse. Das inklusive, nämlich alle anderen Interessen in sich einschließende Interesse des Menschen heißt Glück im Sinne von *eudaimonia*. Verstanden als Inbegriff der Erfüllung aller Strebungen ist das Glück das natürliche Leitziel jedes Menschen, es ist in der Tat unverzichtbar. Aus einer so formalen Definition des Glücks läßt sich aber nichts über Vor- oder Nachteile der Freiheitsverzichte ausmachen. Wir können nicht sagen, ob der Mensch lieber Täter und zugleich Opfer ist oder lieber keins von beiden. Führen wir deshalb eine inhaltliche Definition des Glücks ein und bestimmen es etwa als (sinnlichen oder ästhetischen) Genuß, als (wirtschaftliche, soziale oder politische) Macht, als wissenschaftlich-philosophische Erkenntnis oder auch als ein Zusammenleben in Liebe und Freundschaft, dann kann der Mensch auf sein Glück als Leitziel verzichten und es zugunsten eines Mitmenschen oder eines (religiösen oder politischen) Ideals opfern. Kurz: formal definiert, ist das Glück unverzichtbar, besagt aber noch nichts über den Freiheitstausch; es ist eine zu schwache Annahme. Dagegen inhaltlich definiert, ist das Glück verzichtbar; die eine Glücksvorstellung kann nämlich durch eine andere ersetzt werden; jede inhaltliche Glücksdefinition entspricht einem dominanten Begehren und bedeutet wie dieses eine zu starke Annahme.

Daraus könnte man schließen, daß die Menschen kein Interesse an unserem Freiheitstausch bzw. dem Weder-Opfer-noch-Täter-Sein hätten, also im primären Naturzustand des Sowohl-als-Auch verbleiben wollen und dem strengen Anarchismus recht geben. Eine solche Schlußfolgerung käme jedoch übereilt. Denn viele Menschen wollen tatsächlich nichts mehr als ihr Überleben, andere nichts mehr als die Ehre, wieder andere nichts mehr als die Glaubensfreiheit. Für sie alle sind die entsprechenden Weder-Noch-Konstellationen bzw. Freiheitsrechte – der Schutz des Lebens, der Ehre oder der Glaubensfreiheit – vorteilhaft; nur sind es nicht bei jedem dieselben Freiheitsrechte. Damit finden wir uns in der aus der Politik bekannten und in der Regel mißlichen Situation einer Übereinstimmung, aber eines negativen, nicht positiven Konsenses. Hier: die meisten, vielleicht sogar alle Menschen sprechen sich für Freiheitsrechte aus; sie votieren aber für unterschiedliche Rechte.

Wir müssen deshalb eine dritte Antwort versuchen, und diese muß eine stärkere Voraussetzung machen als eine bloß formale Glücksdefinition; andererseits muß sie aber die zu starke Annahme eines absolut dominanten Begehrens aufgeben. Das geschieht dort, wo wir uns mit einer abgeschwächten Dominanzannahme zufrieden erklären. Danach hat es jeder nicht schlechthin, aber relativ zur Tötungsfreiheit lieber, nicht getötet zu werden als selber töten zu dürfen. Unter dieser Annahme läßt er sich mit Freuden auf den wechselseitigen Tötungsverzicht ein, ohne daß ihm deshalb das Leben über alles andere gehen müßte. Ähnlich verhält es sich mit den anderen Freiheitsrechten. Die Glaubensfreiheit ist nicht nur für diejenigen vorteilhaft, denen es mehr auf die Glaubensfreiheit als auf alles andere ankommt. Sie ist für all diejenigen vorteilhaft, denen das Recht, seinem eigenen Glauben anzuhängen, wichtiger ist als das Recht, andere in der Ausübung ihres Glaubens zu beeinträchtigen.

Als schwächere Prämisse trifft die Annahme einer relativen Dominanz ohne Zweifel für weit mehr Menschen zu als die einer absoluten Dominanz. Trotzdem ist manchen Menschen der eine oder andere Zweck gleichgültig. Wem, wie einem Agnostiker beispielsweise, an der Religion nichts liegt, für den mag der Verzicht darauf, die Religionsausübung anderer zu stören, eine geringe Freiheitseinschränkung sein. Sie ist gleichwohl ein Nachteil, der durch keinen Vorteil ausgeglichen wird. Für den zur Religionsfreiheit führenden Tausch von Verzichten hätte er kein Interesse. Wir haben also immer noch eine zu starke Annahme, freilich nur eine »ganz klein wenig« zu starke.

Auflösen läßt sich unser Restproblem nur unter der Bedingung, daß der entsprechende Freiheitstausch auf einer so allgemeinen Ebene stattfindet, daß sich jeder dafür interessiert. Diese Bedingung wird erfüllt, sofern man für die Freiheitsverzichte Vorteile anführen kann, die – von besonderen Geschichts- und Gesellschaftsverhältnissen unabhängig – in der *conditio humana* gründen und die darüber hinaus so elementar sind, daß kein Mensch ernsthaft auf sie verzichten kann. Daß es ein derart unverzichtbares Interesse, folglich einen für jeden vorteilhaften Freiheitstausch gibt, sei an einem einzigen Beispiel erläutert. Da es auf die Argumentationsstruktur ankommt, wähle ich bewußt ein unkontroverses, fast triviales Beispiel, allerdings ein nur diskursiv und noch lange nicht immer politisch triviales Beispiel: den *Schutz von Leib und Leben*.

Da gegenüber dem Leben die Dominanzannahme nicht zutrifft und seine Integrität trotzdem ein Freiheitsrecht sein soll, ist folgendermaßen zu argumentieren: Auch wer nicht sonderlich am Leben hängt, hat – bewußt oder unbewußt – dieses Interesse; er hat es nämlich, weil er andernfalls weder etwas begehren noch sein Begehren zu erfüllen trachten kann. Unabhängig von dem, was man inhaltlich anstrebt oder meidet, mithin als Bedingung der Handlungsfreiheit, ist das Leben die Voraussetzung dafür, daß ein handlungsorientiertes Begehren möglich ist.

Das Leben ist ein elementares Interesse im strengen Sinn eines nicht substituierbaren, mehr noch: transzendentalen (transzendentalpraktischen) Interesses; es ist eine der Bedingungen dafür, daß der Mensch überhaupt ein handlungsfähiges Wesen sein kann. In diesem Sinn will beispielsweise der religiöse oder politische Märtyrer selber entscheiden, wofür er sein Leben opfert: um seiner religiösen oder politischen Überzeugung treu zu bleiben, und nicht etwa, um von einem Betrunkenen überfahren oder von einem Räuber überfallen zu werden.

Nach Rousseaus *Contrat social* (II,4) sind die Pflichten (»engagements«), die uns an den Gesellschaftskörper binden, nur wegen ihrer Gegenseitigkeit und zusätzlich deshalb verpflichtend (»obligatoires«), weil man bei ihrer Erfüllung nicht für andere arbeiten kann, ohne auch für sich zu arbeiten. Dieses Argument nennt in aller Klarheit erstens die ethische Bedingung der Menschenrechtslegitimation, den allseitigen Vorteil; zweitens erwähnt es eine deskriptive Bedingung: gewisse Interessen lassen sich nur durch Wechselseitigkeit, also Kooperation erreichen. Trotzdem reicht Rousseaus Argument nicht aus. Denn man kann sich immer noch fragen, warum jeder verpflichtet sein soll, sich auf den gegenseitigen Nutzen einzulassen. Insofern es einen wechselseitigen Vorteil gibt, besteht ein Interesse an ihm, aber keine Pflicht, das Interesse wahrzunehmen; der Tausch der Tötungsfreiheit gegen die Integrität des Lebens wäre ein Gebot der Klugheit und keine Schuldigkeit.

Um diesem Einwand zu begegnen, braucht es die weitere, anthropologische Legitimationsbedingung: Der Vorteil muß elementar und zugleich nicht substituierbar, er muß für jeden Menschen unverzichtbar sein bzw. relativ zum Menschen eine transzendentale Bedeutung haben. Und hier spielt der singuläre Charakter jener Freiheitsrechte eine Rolle, für die das Recht auf Leib und Leben steht: Die Verzichte sind die Bedingungen dafür, daß die Handlungsfreiheit in sozialer Perspektive möglich wird. Denn was auch immer man *in concreto* begehrt und zur Realisierung des Begehrten unternimmt – als Lebewesen braucht der Mensch dafür Leib und Leben und als Sprach- und Denkwesen darüber hinaus die Meinungsfreiheit, womit wir ein zweites Beispiel für einen transzendentalen Vorteil gefunden haben.

Als Bedingungen der Möglichkeit menschlicher Handlungsfreiheit in sozialer Perspektive und weil sie sich aus einem wechselseitigen Tausch ergeben, heißen solche Freiheitsrechte auch Menschenrechte. Ob es noch weitere Menschenrechte als Freiheitsrechte gibt, kann hier offen bleiben. Ein Gutteil der uns vertrauten Menschenrechte sind aber Implikationen bzw. Spezifikationen der beiden »Hauptrechte«, des Lebensrechtes und der Meinungsfreiheit.

Weil die entsprechenden Freiheitsverzichte für jeden vorteilhaft sind, bleiben sie Gebote der Klugheit und verlangen nicht darüber hinaus eine personale Moralität. Im Unterschied zu gewöhnlichen Klugheitsforderungen sind sie aber nicht durch andere Klugheitsgebote substituierbar. Als nicht mehr relatives, sondern absolutes Klugheitsgebot muß sich jeder den Freiheitsverzichten unterwerfen und bestätigt damit jene Korrelation unverzichtbarer Ansprüche und Schuldigkeiten, die sie in den Rang von Menschenrechten und korrespondierenden Menschenpflichten hebt.

Die so weit skizzierte Begründung von Freiheitsrechten aus allseits vorgenommen und allseits vorteilhaften Freiheitsverzichten hat freilich eine Voraussetzung, und diese Voraussetzung könnte unseren Legitimationsversuch am Ende scheitern lassen. Vorausgesetzt ist, daß es auf die Macht- und Drohpotentiale der Beteiligten nicht ankommt. Diese Voraussetzung ist zwar nicht so »unrealistisch«, wie es zunächst erscheint. Denn wie schon Hobbes zu Recht sagt, können sich Schwächere durch List oder Verbindung mit anderen auch gegen weit Stärkere durchsetzen (*Leviathan*, Kap. 13). Gewisse Personengruppen, beispielsweise kleine Kinder oder Alte und Gebrechliche, haben allerdings keinerlei Macht- und Drohpotentiale; hier müßte anscheinend ein »Tausch ohne Gegenleistung« stattfinden. Ein solcher »Tausch« wäre aber in Wahrheit ein Geschenk, folglich eine Leistung der Solidarität, nicht der Gerechtigkeit. Sind die Menschenrechte also keine Gerechtigkeitsgebote, sondern »nur« Solidaritätsgebote? Diese Konsequenz mag uns auf den ersten Blick als willkommen erscheinen. Auf den zweiten Blick wird sie jedoch fatal, da sie den strengen Begriff der Menschen*rechte* aufgibt, denn zwangsbefugte Pflichten lassen sich nur aus einer Gerechtigkeitsperspektive heraus legitimieren.

Aber die befürchtete Konsequenz trifft nicht zu. Denn auch die genannten Personengruppen lassen sich – mindestens zu einem wesentlichen Teil – in die Legitimationsfigur eines allseits vorteilhaften Freiheitstausches aufnehmen. Man braucht nur die Zeitperspektive zu berücksichtigen und zur Ergänzung des bislang synchronen Tausches einen phasenverschobenen, *diachronen Freiheitstausch* zu konstruieren. Danach ist es für die Erwachsenen deshalb vorteilhafter, ihre Machtüberlegenheit gegen die Kinder nicht auszuspielen, weil sie, wenn die Kinder heranwachsen, sie selbst aber gebrechlich sind, dann ihrerseits nicht den Machtpotentialen der nächsten Generation ausgesetzt sein wollen. Somit sind es nicht etwa Solidaritäts-, sondern Gerechtigkeitsargumente, die auch diese Gruppen in den Freiheitstausch einbeziehen.

Das Dilemma

Weil jene Freiheitsverzichte, die wir die Menschenrechte nennen, für jeden vorteilhaft sind, könnte man meinen, die Verzichte würden von jedermann freiwillig anerkannt, die natürliche Gerechtigkeit käme ohne Zwang aus, eine zwangsbefugte Rechts- und Staatsordnung wäre überflüssig. Mehr noch: Die Zwangsbefugnis erschiene als illegitim, denn sie brächte gegenüber den allseits vorteilhaften Freiheitsverzichten zusätzliche Einschränkungen, die als solche, als Einschränkungen, nachteilig und als überflüssige Einschränkungen ungerechtfertigt wären.

Diese Ansicht wäre richtig – sofern es nur diese zwei Wahlmöglichkeiten gäbe: die ungeregelte Freiheitskoexistenz und den geregelten, dabei wechselseitigen gleichen Freiheitsverzicht. In Wahrheit gibt es aber eine dritte Möglichkeit, und diese erweist sich als noch vorteilhafter. Es ist der einseitige Freiheitsverzicht – allerdings der einseitige Verzicht der anderen. Wenn die anderen ihre Freiheit einseitig einschränken und beispielsweise auf ihre Tötungsfähigkeit verzichten, dann genieße ich auch dort die Vorteile der Koexistenzregeln, hier: mein Lebensrecht, wo ich den vitalen Interessen eines anderen im Wege stehe und der andere mich am liebsten töten würde, ohne daß ich selber dort, wo andere mich in meinen vitalen Interessen behindern, auf meine Tötungsfähigkeit verzichte.

Im Bereich öffentlicher Verkehrsmittel nennt man ein solches parasitäres Ausnutzen allseits vorteilhafter Unternehmungen ein Schwarzfahren oder Trittbrettfahren. Analog dazu kann man den Versuch, den Vorteil der wechselseitigen Freiheitsverzichte zu genießen, ohne dafür den Preis, den eigenen Freiheitsverzicht, zu bezahlen, als Trittbrettfahren oder Schwarzfahren mit der natürlichen Gerechtigkeit bezeichnen.

Nun ist ein einseitiger Freiheitsverzicht offensichtlich nachteilig. Mit Hobbes (*Leviathan*, Kap. 14) gesprochen, böte man sich nämlich dem anderen als Beute dar. Man wäre ein bloßes Opfer, das anzugreifen keinerlei Risiko bietet. Somit gibt es spiegelbildlich zum Trittbrettfahren das Ausgebeutetwerden und insgesamt vier Möglichkeiten: Während die ungeregelte Koexistenz des primären Naturzustandes (Möglichkeit I) schlechter ist als die wechselseitigen Freiheitsverzichte des sekundären Naturzustandes (Möglichkeit II), ist das Trittbrettfahren (Möglichkeit III) die beste, das bloße Opfersein (Möglichkeit IV) dagegen die schlechteste Möglichkeit.

Nun kann man die beste Möglichkeit nicht für sich allein erreichen; denn das Trittbrettfahren ist an eine Leistung der anderen, an ihren Freiheitsverzicht mir gegenüber, gebunden. Da aber niemand, der – gemäß unserer Legitimationsprämisse – von seinem Vorteil her agiert, sich sehenden Auges auf den einseitigen Verzicht einläßt, kann man nur dann zum Trittbrettfahrer werden, wenn man den anderen glaubhaft machen kann, man ließe sich auf den wechselseitigen Freiheitsverzicht ein, ihn in Wahrheit aber nicht vornimmt, kurz: wenn man den Verzicht vortäuscht und den anderen betrügt.

Im öffentlichen Verkehrswesen stellt sich das Schwarzfahren als eine Betrugsform dar, mit der nicht wenige Menschen liebäugeln und die noch mehr Menschen ihren Mitmenschen nachsehen: Wer, der selbst bezahlt, will schon einen Schwarzfahrer anzeigen? Die Nachsicht üben wir deshalb, weil der Betrug sich gegen einen anonymen Dritten richtet, das städtische oder staatliche Verkehrsunternehmen, das man nicht ohne weiteres mit dem eigenen Interesse, hier: an einem öffentlichen Verkehrsbetrieb mit einem möglichst niedrigen Fahrpreis, in Verbindung bringt. Außerdem hat der Betrug, sofern er selten bleibt, nur einen marginalen Einfluß auf den Fahrpreis. Nicht zuletzt können wir deshalb gegen Schwarzfahrer nachsichtig sein, weil sie uns zwar am Ende etwas höhere Fahrpreise kosten, aber nichts mehr.

Als eine Tausch- und nicht Verteilungsaufgabe existiert die natürliche Gerechtigkeit dagegen ohne einen anonymen Dritten, weshalb Trittbrettfahrer direkt ihre Mitmenschen betrügen. Weiterhin hat der Betrug gravierendere Folgen als eine Fahrpreiserhöhung; wer für sich selbst die natürlichen Rechte in Anspruch nimmt, sie bei den anderen aber nicht anerkennt, der behält sich die volle Freiheit vor, setzt damit andere der Gefahr aus, von ihresgleichen getötet, beleidigt und beraubt zu werden. Schließlich kann man bei Personen, die bloß an ihren Vorteil denken, nicht erwarten, daß sie das Trittbrettfahren an der natürlichen Gerechtigkeit so selten vornehmen, daß der Schaden gering bleibt. Im Gegenteil ist das Trittbrettfahren aus Vorteilsüberlegungen heraus geboten; der Betrug hinsichtlich allseits vorteilhafter Freiheitsregeln ist rational.

Dieses Ergebnis ergibt sich aus einer Situation, die die Spieltheorie als Gefangenendilemma diskutiert. Der Sache nach liegt ein Trittbrettfahrerdilemma vor, das seinerseits ein Anerkennungsdilemma oder Durchsetzungsdilemma ist und das im Fall der allseits vorteilhaften Koexistenzregeln zum Dilemma der natürlichen Gerechtigkeit wird. Mit dem Dilemma der natürlichen Gerechtigkeit kommt in die Legitimationsdebatte ein neues Thema herein. Es geht nicht länger um den Inhalt der Koexistenzregeln, sondern um die Art ihrer Existenz, um ihre zwangsfreie oder aber zwangsbefugte Durchsetzung; es handelt sich nicht mehr um die *diiudicatio*, sondern die *executio iusti*:

Nehmen wir zur Vereinfachung eine Gesellschaft von zwei Personen an. Bei der Überlegung, ob sie den wechselseitig gleichen Freiheitsverzicht einhalten oder nur vortäuschen sollen, befinden sie sich in der folgenden Zwickmühle. Wer den Freiheitsverzicht vortäuscht, hat die Chance, daß der andere sich an den Verzicht hält, so daß man sich selber der natürlichen Freiheiten erfreuen kann, ohne seine eigene Freiheit einschränken zu müssen. Wer den Verzicht vortäuscht, geht aber auch das Risiko ein, daß es ihm der andere gleichtut, also in Wahrheit keiner auf seine Freiheit verzichtet und beide sich in der zweitschlechtesten Situation, der ungeregelten Koexistenz, wiederfinden. Wer dieser Gefahr entgehen will, es deshalb mit dem Freiheitsverzicht ehrlich meint, der erhält im günstigeren Fall, d. h., wenn auch der zweite ehrlich ist, seine Freiheitsrechte gesichert. Wenn sich der andere jedoch nicht an den Verzicht hält, dann bietet sich der erste als Beute dar; er schränkt seine Freiheit ein und gibt seine Selbstverteidigung auf, ohne für sich im Gegenzug die Freiheitsrechte zu gewinnen.

Angesichts des Risikos, bloße Beute zu sein, ist es nicht mehr so offensichtlich, welche Entscheidung rational ist. Die Wahl hat die Bedeutung eines praktischen Dilemmas. Man muß nämlich zwischen zwei Handlungen wählen, die beide gewisse erwünschte, aber auch unerwünschte Folgen haben. Dabei hängt es vom anderen ab, was tatsächlich eintritt: das erwünschte oder aber das unerwünschte Resultat. Allerdings liegt nur ein relatives, kein absolutes Dilemma vor. Denn die Entscheidungsfrage hat eine eindeutige Antwort – die Antwort ist jedoch unbefriedigend; sie heißt: Unehrlichkeit bzw. Trittbrettfahren.

Geht man probeweise davon aus, daß der andere ehrlich ist und sich an den Freiheitsverzicht hält, so ist das eigene Trittbrettfahren rational; denn man erhält den Vorteil des Verzichts, das Lebensrecht, ohne dessen Nachteil, die Einschränkung der eigenen Freiheit. Nimmt man dagegen an, daß der andere unehrlich ist, so ist ebenfalls die eigene Unehrlichkeit rational, weil man sich andernfalls als gefahrlose Beute darbietet. Ist aber keiner ehrlich, so verzichtet keiner auf einen Teil seiner Freiheit, womit sich beide im primären Naturzustand wiederfinden. Dieser war aber für jeden schlechter als die wechselseitig gleiche Anerkennung der natürlichen Rechte.

Was besagt nun das doppelte Trittbrettfahrer-Dilemma für unsere Legitimationsfrage? Während es töricht ist, allein ehrlich zu sein, stehen zwei Unehrliche auch dumm da. Besser erginge es ihnen, wenn sie beide ehrlich wären. Ehrlich zu sein ist für den einzelnen jedoch nur dann rational, wenn er nicht befürchten muß, allein ehrlich zu sein und dann als der Dumme übrigzubleiben. Unbeschadet aller sonstigen Interessenkonkurrenz besteht deshalb ein gemeinsames Interesse zweiter Stufe. Jeder will verhindern, daß sich der Betrug lohnt und daß ein Vorteil, der nur durch gegenseitige Freiheitsverzichte zustande kommt, aus Selbstinteresse in einen einseitigen Verzicht umgemünzt wird. Und das Verhindern muß gemeinsam erfolgen, denn die individuelle Verantwortung für die natürliche Gerechtigkeit ruft das Dilemma hervor.

Das »Schwert der Gerechtigkeit«

Nach dem Argumentationsmuster der bestimmten Negation können wir nun den letzten Legitimationsschritt gehen: Um das Gerechtigkeitsdilemma zu lösen und um die Gefahr zu bannen, daß die Prinzipien der natürlichen Gerechtigkeit »bloße Worte« bleiben (Hobbes, *Leviathan*, Kap. 17), darf sich die Unehrlichkeit bzw. der Betrug nicht lohnen. Damit die allseits vorteilhaften Freiheitsverzichte nicht parasitär ausgenutzt und in Erwartung solchen Ausnutzens allseits mißachtet werden, ist jene gemeinsame oder öffentliche Durchsetzungsmacht nötig, die, wie etwa bei Hobbes, das »Schwert der Gerechtigkeit« (*De cive*, Kap. VI,5) heißen kann.

Die öffentliche Durchsetzungsmacht arbeitet z. B. mit der Androhung von Strafen, durch die die Mißachtung der Menschenrechte nicht länger vorteilhafter als ihre Beachtung ist. Zur Wirklichkeit der Gerechtigkeit gehört insofern der Zwangscharakter von Rechtsbestimmungen hinzu, genauer: der Strafzwang. Da es aber auch andere Formen geben könnte, um die allseits vorteilhaften Freiheitsverzichte durchzusetzen, empfiehlt es sich, allgemeiner von einem Durchsetzungszwang zu sprechen und es noch offen zu lassen, wie er auf die beste Weise gestaltet wird.

In entwickelten Rechtsgesellschaften wird die Durchsetzungsmacht von speziellen Staatsorganen ausgeübt. Dabei kann man diese Macht nicht etwa einer der öffentlichen Gewalten zuordnen. Auch wenn bei der Durchsetzung vor allem die Exekutive mit ihren Vollzugsorganen ins Auge springt, darf man die Aufgaben der beiden Gewalten nicht unterschlagen. Die Legislative legt nicht bloß die Straftatbestände, sondern auch die Art und Höhe ihrer Sanktionen fest; und die Jurisdiktion entscheidet über konkrete Rechtsverletzungen und ihre Rechtsfolgen.

Um nicht nur das synchrone, sondern auch das diachrone Gerechtigkeitsdilemma aufzulösen und die Gefahr zu überwinden, daß die zwischen den Generationen phasenverschobene Wechselseitigkeit des Freiheitstausches sich in eine Einseitigkeit verkehrt, muß die öffentliche Zwangsordnung auf eine die Generationen übergreifende Dauer gestellt werden. Zur Wirklichkeit der Gerechtigkeit gehört deshalb nicht nur die Durchsetzungsmacht, sondern auch ihre Institutionalisierung, dabei namentlich die Verstetigung.

Durch die Verbindung der Gerechtigkeitsprinzipien mit einer Durchsetzungsmacht und ihrer Institutionalisierung wird die natürliche Existenzform der Gerechtigkeit negiert und der Naturzustand endgültig aufgehoben. An die Stelle einer natürlichen Rechtsgesellschaft tritt eine Rechtsordnung mit Staatscharakter. Weil mit einer staatsförmigen Rechtsordnung das natürliche Zusammenleben überwunden wird, kann man der politischen Philosophie der Aufklärung zustimmen und von einer künstlichen Einrichtung sprechen (vgl. Hobbes, *Leviathan*, Vorwort u. ö.). Künstlich ist das Zusammenleben freilich nur in einer legitimationstheoretischen Bedeutung; und diese Bedeutung verträgt sich sehr wohl damit, daß historisch gesehen eine Rechts- und Staatsordnung in der Regel »gewachsen« ist und insofern auch »natürlich« heißen kann.

Wenn ich hier vom »Staat« spreche, dann verstehe ich darunter nicht die spezifisch neuzeitliche Form eines politischen Gemeinwesens. Die institutionalisierte öffentliche Rechtsmacht, die für die Gerechtigkeit unentbehrlich ist, braucht nicht die Züge des modernen Staates anzunehmen: etwa die Territorialherrschaft und die Zentralisierung sowie Bürokratisierung der Staatsgewalten. Für die konkrete Ausgestaltung der öffentlichen Rechtsmacht sind auch funktionale Äquivalente denkbar, und vielleicht kann man bei einigen der Äquivalente sogar ein Mehr an Gerechtigkeit erwarten. Legitimationstheoretisch entscheidend ist jedoch, daß auch Gesellschaftsformen, in denen gewisse Aspekte des modernen Staates fehlen, daß sogar die sogenannten akephalen Stammesgesellschaften dem Gerechtigkeitsbegriff von Recht und Staat noch einen Rechts- und Staatscharakter haben. Sobald die Gesellschaften über Verbindlichkeiten verfügen, die die Freiheitskoexistenz regeln und sich dabei mit einem Durchsetzungszwang verbinden, haben sie zumindest rudimentären Rechts- und Staatscharakter.

Da es für alle Seiten vorteilhaft ist, die Unehrlichkeit aus Klugheitsgeboten zu überwinden, trifft für die öffentliche Zwangsbefugnis bzw. den Rechts- und Staatscharakter dasselbe wie für die wechselseitigen Freiheitsverzichte zu; es koinzidieren Gerechtigkeit und Selbstinteresse. Die jetzt nicht mehr natürlich, sondern rechts- und staatsförmig existierende Gerechtigkeit nenne ich die politische Gerechtigkeit.

Weil deren Legitimation von einem radikalen oder, neutraler gesagt, konsequenten Selbstinteresse ausgeht und weil man ein von allen sozialen Rücksichtsnahmen unbeeindrucktes Selbstinteresse etwas dramatisch einem Teufel zusprechen kann, deshalb können wir unsere Titelthese für »im Prinzip« ausgewiesen halten: Den Staat braucht selbst ein Volk von Teufeln – vorausgesetzt, daß sie Verstand haben und stets überlegt ihrem eigenen Vorteil folgen.

Anmerkungen

1 »Das Problem der Staatserrichtung ist, so hart es auch klingt, selbst für ein Volk von Teufeln (wenn sie nur Verstand haben), auflösbar« (I. Kant, *Zum ewigen Frieden*, hrsg. von R. Malter, Stuttgart 1984 [u. ö.], S. 31, Abschn. 2, Zusatz 1). – Verwandte Gedanken, aber auf Räuberbanden bezogen, in Platons *Staat* (352c) und Augustinus' *Gottesstaat* (IV,4).

2 J. Rawls, *A Theory of Justice*, Cambridge (Mass.) 1971 (dt. *Eine Theorie der Gerechtigkeit*, Frankfurt a. M. 1975), § 40.

3 Für eine genauere Untersuchung vgl. O. Höffe, *Politische Gerechtigkeit. Grundlegung einer kritischen Philosophie von Recht und Staat*, Frankfurt a. M. 1987.

4 Rawls (Anm. 2) § 22.
5 J. Rawls, »Justice as Fairness: Political not Metaphysical«, in: *Philosophy and Public Affairs* 14 (1985) S. 223–251.
6 R. Nozick, *Anarchy, State, and Utopia*, Oxford 1974, New York 1975 (dt. *Anarchie – Staat – Utopia*, München 1976), Kap. 2.

Minimalstaat oder Sozialrechte – eine Problemskizze

Der Sozialstaat steht – immer wieder – im Brennpunkt philosophisch-politischer Auseinandersetzungen. Während die einen die Fortentwicklung des Sozialstaats in Richtung auf die verfassungsmäßige Garantie von Sozialrechten (für die Schweiz: Verfassungsentwurf[1], Artikel 26) oder gar von sozialen Grundrechten (sozialen Menschenrechten) fordern, verfechten die anderen einen rigorosen Abbau des Sozialstaates; ihr Ziel heißt Minimalstaat.
In der internationalen philosophischen Diskussion wird der Minimalstaatsgedanke insbesondere durch Robert Nozick vertreten. Sein Werk *Anarchy, State, and Utopia*[2], vom radikalen Wirtschaftsliberalismus der Chicagoer Schule unter Leitung von Milton Friedman beeinflußt, hat sich in kurzer Zeit zu einem Mittelpunkt philosophischer, politik- und wirtschaftswissenschaftlicher Auseinandersetzung entwikkelt. Schon ein Jahr nach der amerikanischen Fassung erschien die deutsche Übersetzung, zudem mit einer höchst lobenden Einführung des Nobelpreisträgers für die Wirtschaftswissenschaften Friedrich A. von Hayek. Hayek stellt Nozicks Buch in eine Reihe mit John Rawls' *Theorie der Gerechtigkeit*[3], den Arbeiten der Wirtschaftswissenschaftler um James M. Buchanan[4] – inzwischen auch Nobelpreisträger für Wirtschaftswissenschaften – und mit Michael Oakeshotts Werk *On Human Conduct*[5]; er hält es sogar für aufregender als die Werke dieser anderen, die englischsprachige Diskussion beherrschenden Wissenschaftler und Philosophen.
Wie M. Friedman[6] und F. A. von Hayek[7], so wendet sich auch Nozick gegen den ausufernden Moloch Staat, den er wieder auf die Aufgaben des liberalen Rechtsstaats im Sinne des Nachtwächterstaats des klassischen Liberalismus zurechtstutzen möchte: »Unsere Hauptergebnisse bezüglich

des Staates lauten, daß ein Minimalstaat, der sich auf einige eng umgrenzte Funktionen wie den Schutz gegen Gewalt, Diebstahl, Betrug oder die Durchsetzung von Verträgen beschränkt, gerechtfertigt ist; daß jeder darüber hinausgehende Staat Rechte der Menschen, zu gewissen Dingen nicht gezwungen zu werden, verletzt und damit ungerechtfertigt ist; und daß der Minimalstaat durchaus attraktiv wie auch das Rechte ist.«[8]

Somit gehört die Fülle der Sozial- und Wohlfahrtsaufgaben, die die modernen Staaten nach und nach übernommen haben, nicht in den Bereich legitimer Staatstätigkeit. Nozicks These, die »Sozialstaatlichkeit« genannte Kur der Mängel und Probleme der modernen Industriegesellschaften sei schlimmer als die Krankheit, hat durch die amerikanische Regierung unter dem Präsidenten Reagan eine neue Wirklichkeit erlangt. Der drastische Abbau der Sozialstaatsaufgaben, die Aufweichung der Umweltschutzgesetzgebung, aber auch die starke Senkung der Steuersätze sind nicht länger Gegenstand intellektueller Diskussionen; sie sind der Mittelpunkt eines politischen Programms geworden, dessen rasche Umsetzung in die Tat längst begonnen hat. Nach der Ablösung sozialistischer Regierungen in Großbritannien und den skandinavischen Staaten gibt es in diesen Ländern ähnliche Tendenzen; angesichts der wachsenden Staatsverschuldung werden sie auch, freilich sehr viel gemäßigter, in der Bundesrepublik Deutschland öffentlich diskutiert. Andererseits ging die Politik im Frankreich Mitterands zunächst in die entgegengesetzte Richtung. Trotz der großen Wirtschafts- und Finanzprobleme in allen wesentlichen Industriegesellschaften ist die politische Entwicklung also nicht nur gegen den Sozialstaat gerichtet.

Folgende Überlegungen, die insgesamt nicht mehr als eine Problemskizze sein können, stehen vor dem Hintergrund dieser wissenschaftlichen und politischen Situation. Ein erster Abschnitt stellt Nozicks Philosophie des Minimalstaats vor, ein zweiter erörtert, welche Gründe im Gegensatz zur

Minimalstaatstheorie für eine soziale Verantwortung des Staates sprechen, während ein dritter Abschnitt den rechtlichen Status der staatlichen Sozialverantwortung diskutiert.

Nozicks Konzeption des Minimalstaates

Nozick ordnet sich in die gegenwärtige kritisch-konstruktive Wiederbelebung der politischen Philosophie der Aufklärung ein. Während sich aber sein Hauptgegner Rawls mehr an Kant orientiert, ist Nozick mehr Locke verpflichtet, der einem extrem individualistischen Laisser-faire-Liberalismus noch am nächsten kommt. Nozicks politische Vorstellungen sind rigoros; in Übereinstimmung mit altliberalen Traditionen sind die unantastbaren Freiheitsrechte der als Individuen verstandenen Menschen nicht nur der Ausgangspunkt, sondern auch das einzige Kriterium und in Konsequenz das ausschließliche Ziel und Resultat der staatstheoretischen Erörterungen.

Trotz der manchmal naiven Unbefangenheit Nozicks ist sein Gedankengang nicht undialektisch aufgebaut. Das Spannungsfeld, in das sich Nozick stellt, ist der Gegensatz eines politischen Anarchismus, der jede Art von Staat für illegitim hält, und einer Idee von Sozialstaatlichkeit oder gar von politischem Sozialismus, nach denen jeder Staat sich um die Realbedingungen zu kümmern hat, unter denen Einkommen, Vermögen, Bildung und soziale Stellung erworben, verwendet und weitergegeben werden. Gegen die anarchistische These, nach der jegliche Form von Staat abzulehnen sei, da er das Gewaltmonopol für sich beanspruche und deshalb mit Notwendigkeit persönliche Rechte verletze, steht die sozialstaatliche oder sozialistische Antithese, wonach der Staat Verantwortung für soziale Rahmenbedingungen trage. Gegen beide Seiten, gegen These und Antithese, setzt Nozick seinen mittleren oder dritten Weg des Minimalstaates, der –

ohne individuelle Rechte zu verletzen – das Gewaltmonopol erhält.

Die Auseinandersetzung mit dem Anarchismus erfolgt im ersten Teil des Buches »Theorie des Naturzustandes«, die mit den sozialstaatlichen und sozialistischen Ideen im zweiten Teil »Über den Minimalstaat hinaus?«, während ein Schlußkapitel »Utopie« (dritter Teil) den Minimalstaat als Makrogesellschaft vorstellt, innerhalb der eine Vielzahl und Vielfalt verschiedenster Mikrogesellschaften existieren könnten, so daß der Minimalstaat sogar als ein Ideal erscheint, für das sich der Einsatz lohne.

Nozick geht von einer anarchistischen Situation menschlichen Zusammenlebens aus, die er im Sinne Lockes und anderer Aufklärungsphilosophen Naturzustand nennt. Von hier aus, gewissermaßen der Nullstufe, wird der Minimalstaat in einer Vier-Stufen-Argumentation begründet, die zeigt, wie die Individuen unter Wahrung ihrer Rechte aufgrund eines aufgeklärten Selbstinteresses schließlich den Minimalstaat errichten. Nozick, der Adam Smiths Gedanken der unsichtbaren Hand übernimmt,[9] gibt keine historische Erklärung für die Entstehung und Entwicklung der Staaten. Eine solche Erklärung wäre schon deshalb nicht möglich, weil die Staaten sich faktisch weit über den Minimalstaat hinaus entwickelt haben. Nozick stellt vielmehr eine fiktive Genese vor, der ein Interesse an Legitimation zugrunde liegt. Seinen Ausgangspunkt begründet Nozick jedoch nicht; er erläutert ihn lediglich mit Paraphrasen aus Lockes zweitem *Treatise*.[10] Dabei hebt er die Rechte (erster Stufe) hervor, die gemäß Locke im Naturzustand gelten, ferner das Recht (zweiter Stufe), sich gegen Beeinträchtigungen der (erststufigen) Rechte zu verteidigen und für ein trotzdem erlittenes Unrecht Wiedergutmachung zu verlangen.

Auf die bloße Beschreibung des Naturzustandes folgt der *erste* Schritt der Argumentation; im Naturzustand, sagt Nozick, führt die »private Durchsetzung der Rechte [. . .] zu einer endlosen Reihe von Vergeltungen und Betreibungen von Entschädigungen. Und es gibt keine klare Möglichkeit, einen solchen Streit zu *schlichten* und zu *beenden* [...]. Auch kann im Naturzustand einem Menschen die Macht zur Durchsetzung seiner Rechte fehlen; er könnte außerstande sein, einen stärkeren Gegner, der sie verletzt hat, zu bestrafen oder zu Wiedergutmachungsleistungen zu zwingen.«[11] Um mit diesen Schwierigkeiten fertigzuwerden, entstehen laut Nozick *private Schutzvereinigungen* (protective associations), die nach dem Muster von Versicherungsgesellschaften ihren Mitgliedern gegen Bezahlung Schutz zukommen lassen.

Zunächst, sagt er, wird es mehrere Schutzvereinigungen (Schutzfirmen) geben, die ihre Dienste im gleichen geographischen Gebiet anbieten. Deshalb kann es zu Konflikten zwischen den Klienten verschiedener Organisationen und daraus folgend zu Auseinandersetzungen zwischen den Organisationen kommen. Wenn bei diesen Auseinandersetzungen eine Organisation immer wieder gewinnt, werden die Klienten aus der Verliererorganisation aus- und der Gewinnerorganisation beitreten. Oder aber die kämpfenden Organisationen sind etwa gleich stark und einigen sich, um häufige kostspielige und unproduktive Auseinandersetzungen zu vermeiden, auf einen dritten als Richter oder Gerichtshof, dessen Entscheidungen sie sich unterwerfen. In jedem Fall entsteht, so der *zweite Schritt* der Argumentation, auf einem bestimmten Territorium eine *»vorherrschende Schutzvereinigung«* (dominant protective association). Sie unterscheidet sich von einem Minimalstaat dadurch, daß sie immer noch eine Privatgesellschaft ist, es daher einigen, nämlich den Nichtmitgliedern, gestattet, ihre Rechte selbst durchzusetzen, diese aber auch nicht vor Übergriffen anderer schützt. Der privaten Schutzvereinigung fehlt das Gewaltmonopol, um Staatscharakter zu haben.

In einem *dritten Schritt* bildet sich der *Ultraminimalstaat*. »Dieser hat das Monopol auf alle Gewaltanwendung außer bei Notwehr und schließt damit Vergeltung und Eintreibung von Entschädigungen durch Privatpersonen (oder -organisa-

tionen) aus; doch er bietet Schutz- und Durchsetzungsleistungen *nur* denjenigen, die sie von ihm kaufen.«[12]
Der Ultraminimalstaat hat nahezu alle Wesensmerkmale eines Staates; nur erhebt er immer noch nicht den Anspruch, die einzige legitime Gewaltinstanz zu sein. An dieser Stelle kommt Nozicks *vierter Argumentationsschritt*: Aufgrund seines Monopolcharakters verbietet der Ultraminimalstaat, von Notwehr abgesehen, jede private Justiz. Das Verbot gilt auch gegenüber den Nichtmitgliedern, die etwa aufgrund von Bedürftigkeit sich die Dienstleistungen des Ultraminimalstaates nicht kaufen und denen deshalb aus der Existenz des Ultraminimalstaates Nachteile erwachsen; für diese Nachteile müssen sie aus moralischen Gründen entschädigt werden. Jeder Staat, der die Entschädigung leistet, indem er allen Schutz gewährt, auch denjenigen, denen die Schutzgarantien aufgrund von Bedürftigkeit unerschwinglich sind, ist der *Minimalstaat*. Erst er stellt deshalb die angemessene Form des menschlichen Zusammenlebens dar.
Weil der Minimalstaat alle Bürger gegen Gewalt, Diebstahl oder Betrug schützt, auch die Bedürftigen, die sich an den notwendigen Kosten nicht oder zu wenig beteiligen können, nimmt er eine Umverteilung vor. Er zwingt nämlich einige Menschen, für den Schutz anderer zu bezahlen. Diese Umverteilung ist aber nicht nur legitim, sondern sogar geboten, um die moralische Verpflichtung zum Schadenersatz gegenüber den zu Unrecht Benachteiligten zu erfüllen.
Die These, die sich gegen den Sozialstaat richtet, nämlich daß jede über den Minimalstaat hinausgehende Staatstätigkeit, vor allem, daß jede weitere Umverteilung nicht rechtens ist, leitet Nozick aus seiner »Anspruchstheorie« (entitlement theory) der Gerechtigkeit ab, einer Theorie, die Nozick wieder mehr thetisch als argumentativ einführt:
»Die Frage der Gerechtigkeit bei den Besitztümern (distributive Gerechtigkeit) hat drei Hauptgegenstände. Der erste ist der *ursprüngliche Erwerb von Besitz*, die Aneignung herrenloser Gegenstände [. . .]. Die komplizierte Wahrheit in diesen

Dingen, die wir hier nicht formulieren werden, nennen wir den Grundsatz der gerechten Aneignung. Der zweite Gegenstand ist die *Übertragung von Besitztümern* von einer Person auf eine andere [...]. Die komplizierte Wahrheit über diesen Gegenstand [...] nennen wir den Grundsatz der gerechten Übertragung [...]. Wäre die Welt völlig gerecht, so wäre die Frage der Gerechtigkeit bei Besitztümern durch die folgende induktive Definition völlig geklärt.

1. Wer ein Besitztum im Einklang mit dem Grundsatz der gerechten Aneignung erwirbt, hat Anspruch auf dieses Besitztum.
2. Wer ein Besitztum im Einklang mit dem Grundsatz der gerechten Übertragung von jemandem erwirbt, der Anspruch auf das Besitztum hat, der hat Anspruch auf das Besitztum.
3. Ansprüche auf Besitztümer entstehen lediglich durch (wiederholte) Anwendung der Regeln 1 und 2.«[13]

Den dritten Hauptgegenstand der Gerechtigkeit bei Besitztümern, den Nozick ebensowenig näher ausführt wie die beiden anderen Gegenstände, bildet die Berichtigung ungerechter Besitzverhältnisse. Schon von diesem Gesichtspunkt aus ließe sich manche Seite der Sozialstaatlichkeit rechtfertigen, so etwa Aufgaben gegenüber Eskimos, Indianern, Indios und anderen Ureinwohnern, denen man rechtmäßig erworbene Besitztitel genommen hat, oder gegenüber den Schwarzen Nordamerikas und anderen Gruppen in anderen Staaten, denen man durch Sklaverei, Leibeigenschaft oder Erbuntertänigkeit jahrhundertelang den Zugang zu Besitztiteln, überdies zu gleichberechtigten Bildungseinrichtungen und zum sozialen Aufstieg, einfach versperrt hat.

Das Hauptproblem von Nozicks Anspruchstheorie der Gerechtigkeit steckt aber im ersten Gerechtigkeitsgrundsatz, genauer: in dessen Prämisse, der Aneignung herrenloser Gegenstände. Die Aneignung herrenloser Gegenstände geschieht entweder durch Besitzergreifen (formell etwa durch Abstecken eines Stückes Land oder informell durch Siedeln,

Jagen, Ackerbau oder Viehzucht in einem Landstrich oder durch Fischen in einem Gewässer), kurz, durch die vielfältigen Formen von Arbeit. Durch die Arbeit wird ein vorgefundenes Material geformt und zur Befriedigung menschlicher Bedürfnisse zugerichtet. Das Material, das verarbeitet wird, kann selbst das Produkt menschlicher Arbeit sein, so wie etwa die Wolle einerseits Material für die Textilverarbeitung und andererseits das Produkt des Schafzüchters ist. Wenn man die Prozesse der Besitzergreifung (Landnahme) und Verarbeitung weit genug zurückverfolgt, stößt man schließlich auf ein Stück Erde, das noch von keinem Menschen betreten, oder auf ein Material, das noch durch keines Menschen Hand verarbeitet worden ist, und die zusammen die letzte Grundlage aller Prozesse der Besitzergreifung und der Arbeit darstellen. Das ist die »unberührte Natur«, zu der ebenso der Grund und Boden wie die Gewässer, das Meer, die Bodenschätze, die Pflanzen- und Tierwelt gehören.

Wenn Nozick seine Anspruchstheorie mit dem »ursprünglichen Erwerb von Besitz« beginnen läßt und den ursprünglichen Erwerb als eine »Aneignung herrenloser Gegenstände« auffaßt, dann setzt er stillschweigend voraus, daß die vom Menschen noch »unberührte Natur« insgesamt und in ihren einzelnen Teilen ein streng herrenloses Gut darstellt und durch Besitzergreifung und Verarbeitung in das Eigentum des Menschen übergeht. Diese Voraussetzung ist aber keineswegs so selbstverständlich, daß sie, wie bei Nozick, nicht ausgesprochen und nicht erläutert und begründet werden müßte. Denn es ist mindestens ebenso plausibel anzunehmen, daß die unberührte Natur der ganzen Menschheit gehört, die Erde also das ursprüngliche und primäre Eigentum aller ist. Dann aber hätten jede individuelle oder gruppenmäßige Besitzergreifung und Verarbeitung nur die Bedeutung einer sekundären, nicht primären Aneignung; sie könnten keine uneingeschränkt gültigen Eigentumstitel begründen. Nach dieser Vorstellung kommt der Menschheit als ganzer (der vergangenen, gegenwärtigen und zukünftigen)

ein Vor-Recht an der Erde zu, aus dem sich ein »Teilhaberecht« aller einzelnen Individuen und Gruppen an der Erde und ihren Früchten ableiten ließe.
Gewiß reicht dieser kurze Hinweis nicht aus, die Alternative zu Nozicks Prämisse überzeugend zu begründen; er weist jedoch auf die Fragwürdigkeit der Prämisse hin. Da eine Beweiskette nicht stärker als ihr schwächstes Glied ist, Nozicks Begründung des Verbots einer über den Minimalstaat hinausgehenden Staatstätigkeit aber die Prämisse »ursprünglich Aneignung herrenloser Güter« braucht, mehr noch: diese Prämisse den entscheidenden Anfang bildet, steht die Minimalstaatstheorie bei allem Scharfsinn, den Nozick in vielen Einzelheiten aufgewendet hat, doch letztlich auf höchst schwachen Füßen. Trotz der immer wieder gerühmten Brillanz des Autors beruht die Minimalstaatsthese auf einem philosophisch wie politisch gesehen hohen Mangel an Problembewußtsein, einem Mangel, der sich auch beim Ausgangspunkt der Konzeption bemerkbar macht, dem bloß durch Locke-Paraphrasen »begründeten« Naturzustand. Warum, so könnte man sich fragen, gehören nicht schon zu den im Naturzustand geltenden Rechten Sozialrechte hinzu? Kurz, man sieht, daß Nozicks ganze Minimalstaatskonzeption von nicht weiter begründeten, insofern dogmatisch gesetzten Vor-Urteilen abhängt. Dann aber ist es nicht aussichtslos, auch nach Nozick noch triftige Gründe für den Sozialstaat zu finden.

Menschenrechtliche Gegenargumente

Der moderne Staat hat Verantwortung für die Rahmenbedingungen des Lebens seiner Bürger übernommen, für die Rahmenbedingungen der Berufswelt, für die Situationen des Alters, der Krankheit und der Unfälle; er kämpft gegen Arbeitslosigkeit, Inflation und für Wirtschaftswachstum; er treibt Kultur-, Bildungs- und Wissenschaftspolitik, Energie-

und Verkehrspolitik, Umweltschutz, Raum- und Städteplanung.
Dieses weite Aufgabenfeld ist dem Staat im Laufe der letzten hundert Jahre zugewachsen, häufig mehr naturwüchsig, im Prinzip, so scheint es, doch mit guten Gründen. Die Entwicklung zum Sozialstaat mit seinem breiten Leistungsangebot und vielfältigen Verpflichtungen ist die Antwort auf bedrängende geschichtliche Erfahrungen mit der durch Kapitalismus, Technik und Industrialisierung veränderten Welt. Bald nach Beginn der Industrialisierung machten sich nämlich unvorhergesehene, vielfach höchst negative Nebenfolgen bemerkbar, so etwa die Bevölkerungsvermehrung, die Verstädterung und die Proletarisierung der Arbeiterschaft, verbunden mit Massenarmut, Kinderarbeit und menschenunwürdigen Arbeitsbedingungen. Ein erster Lösungsvorschlag für die große soziale Frage heißt Sozialversicherung. Denn einerseits greifen Krankheit, Unfall, Invalidität und Alter empfindlich in die Lebensmöglichkeiten des Menschen ein. Andererseits lebt ein Großteil der Menschen aufgrund der sozialen Folgen der Industrialisierung in Daseins- und Gesellschaftsformen, die nicht mehr – wie etwa die frühere Großfamilie, die Gilden und Zünfte usw. – eine vorstaatliche Antwort auf die empfindlichen Eingriffe zulassen. Um ein Verhungern bzw. Betteln der von Krankheit, Unfall, Invalidität oder Alter betroffenen Familien zu verhindern, dann auch um ärztliche Maßnahmen zu ermöglichen, schafft man Versicherungsinstitute. Die Sozialpolitik, die diese Versicherungsinstitute eingeführt hat, erscheint daher als ein notwendiger, wenn auch nur elementarer Schritt, um die negativen Folgen der Industrialisierung aufzufangen.
Andererseits dürfen wir den Preis der Sozialstaatlichkeit nicht unterschlagen. Zunächst einmal erfordert die weit ausgreifende Staatstätigkeit enorme finanzielle Aufwendungen, die inzwischen auch in reichen Staaten die Grenzen ihrer finanziellen Belastbarkeit erreichen. Deshalb fällt ein großer Teil des Einkommens, das man sich durch Arbeit erwirbt, auf

dem Weg von Steuern und Zöllen wieder an den Staat zurück. Neben die finanziellen Lasten treten die nicht-finanziellen; mit der Ausweitung seiner Verpflichtungen erhält der Staat neue Befugnisse und Eingriffsrechte. Damit verlieren jene Rechte an Substanz, die dem vorrepublikanischen, dem absolutistischen Wohlfahrtsstaat abgerungen worden sind, nämlich die Freiheitsrechte; und dieser Substanzverlust betrifft keineswegs bloß das Eigentumsrecht. Pointiert formuliert: Je mehr sich der Sozialstaat verwirklicht, um so mehr fällt die mühsam vom Staat erkämpfte Freiheit wieder an den Staat zurück. So nähert sich der Freiheitskampf der Neuzeit einem entscheidenden Wendepunkt: Jeder weitere Schritt zu einer Vervollkommnung des Sozialstaates droht zu einer Verstaatlichung der Freiheit zu werden. Soll der Staat deshalb, wie Nozick behauptet, sich aller sozialen Maßnahmen enthalten, um die einzelnen nicht in ihrer Freiheit zu beeinträchtigen?

Die Attraktivität des Minimalstaatskonzeptes liegt darin, daß es die Individuen und Gruppen gegen den Moloch Staat schützt. Andererseits darf man die großen Probleme der modernen Industriegesellschaften, angefangen mit der sozialen Frage, nicht übersehen. Der Sozialstaat ist deshalb geboren worden, damit die Freiheit tatsächlich für alle Bürger garantiert werde und nicht für viele, vor allem die Besitzlosen, bloßes Wort bleibe. Nur um den Preis, die tatsächliche Freiheit nicht mehr ernst zu nehmen, kann man auf den Sozialstaat ganz verzichten. Trotzdem darf man nicht übersehen, daß der Sozialstaat ein »Maßnahmestaat« ist, der verstärkte Staatseingriffe verlangt, womit er direkt oder indirekt in die Freiheit der Menschen eingreift. So befindet sich der moderne Staat in einem Dilemma: Je mehr er zur sozialen Verwirklichung der Freiheit vordringt, desto mehr wird der Gebrauch der Freiheit durch den Staat gesteuert. Hat der Sozialstaat heute noch ein Recht?

Eine gründliche Rechtfertigung der Sozialverantwortung des Staates gehört in den Zusammenhang einer umfassenden normativen Staatstheorie. Sie kann und braucht hier nicht geleistet zu werden. Ich gehe statt dessen von allseits anerkannten Prinzipien politischer Gerechtigkeit aus, den Menschenrechten: In den Menschenrechten hat das sittlich-politische Bewußtsein der Neuzeit eine paradigmatische Gestalt gefunden, in der fundamentale Forderungen der politisch-sozialen Gerechtigkeit konzentrisch zusammenlaufen. Die Mißachtung der Menschenrechte vereint Bürger unterschiedlicher politischer und religiöser Überzeugungen: zum Protest gegen die Verfolgung rassischer, sprachlich-kultureller und religiöser Minderheiten, zum Protest gegen das Abstempeln unliebsamer Bürger als staatsfeindlich und gegen die Folterung und Hinrichtung politischer Kritiker.

Die Menschenrechte wurden aus Krisen und Konflikterfahrungen geboren: aus dem Widerstand gegen den Absolutismus, aber auch aus dem Protest gegen alte und neue Formen von Kolonialismus, Satellitenabhängigkeit und zentralistischen Staatsgewalten. Über ihre spezifisch geschichtliche Bedeutung hinaus erfüllen die Menschenrechte eine fundamental-anthropologische Aufgabe, suchen sie doch die grundsätzliche Angewiesenheit der Menschen aufeinander und vor allem die prinzipielle Bedrohung durch ihresgleichen nach Prinzipien der Gerechtigkeit zu behandeln.

Die Menschenrechte als Gradmesser der politischen Humanität zu nehmen – verbirgt sich darin nicht ein Stück abendländischen Kulturimperialismus? Sicherlich sind die Menschenrechte ein Bestandteil der neuzeitlichen Freiheitsgeschichte Europas. Ihre moderne Gestalt als subjektive öffentliche Rechte: als persönliche Ansprüche gegenüber dem Staat, verdanken sie vor allem der neuzeitlichen Naturrechts-(Vernunftrechts-)Theorie, der Emanzipationsbewegung der europäischen Aufklärung und dem politischen Liberalismus. Auch die tieferen Wurzeln der Menschenrechtsidee finden wir im Abendland: das Christentum und das griechischrömische Denken. Schließlich werden die ersten Menschenrechtserklärungen auch im Westen verkündet: 1776 in den Vereinigten Staaten, 1789 im revolutionären Frankreich. Aber diese geschichtlich gebundene Herkunft der Rechte spricht nicht gegen ihre allgemeine Gültigkeit. Es ist weit eher so, daß im abendländischen Denken und Handeln zum ersten Mal Recht und Staat einem universalen Humanitäts- und Gerechtigkeitsanspruch unterworfen werden. Überdies hat die Entwicklung der Menschenrechtsidee anfängliche Einseitigkeiten ihrer konkreten Ausformulierung korrigiert. Und es ist die allgemeine Gültigkeit der Menschenrechte als Prinzipien politischer Gerechtigkeit, die die Vereinten Nationen bald nach Beendigung des Zweiten Weltkriegs dazu bewegen konnte, die Anerkennung der Menschenrechte als »das von allen Völkern und Nationen gemeinsam zu erreichende Ideal« (Präambel) zu verkünden.

Vor allem sagt es der Begriff der Menschenrechte selbst, daß es um allgemein gültige Prinzipien der Humanität geht. Denn nur jene Rechte verdienen den Namen »Menschenrechte«, die tatsächlich jedem Menschen unabhängig von Geschlecht und Hautfarbe, von Abstammung, Rasse, von Sprache, religiöser oder politischer Anschauung, auch von wirtschaftlicher und sozialer Stellung zukommen. So handelt es sich von der Sache her um Rechte, die unabhängig von persönlichen Verhältnissen, politischen Konstellationen und geschichtlichen Bedingungen zeitlich gesehen *immer* und räumlich betrachtet *überall* gültig sind. Freilich muß man zugeben, daß gelegentlich angebliche Menschenrechte diesem Anspruch nicht genügen. Aber der Nachweis des Ungenügens träfe nicht die Menschenrechte als allgemein gültige Prinzipien politischer Gerechtigkeit, sondern nur die Behauptung, daß es sich bei diesem oder bei jenem Recht tatsächlich um ein Menschenrecht handele.

Weil es sich bei den Menschenrechten um Ansprüche jedes Menschen gegenüber den staatlichen Autoritäten handelt, gehören sie zu dem, was dem Menschen geschuldet ist. Sie stammen nicht erst aus freiwilligen und über das Geschuldete hinausgehenden Handlungen der (politisch-sozialen) Liebe; die Menschenrechte sind ein unverzichtbarer Bestandteil der (politisch-sozialen) Gerechtigkeit. Ihrem Begriff folgend sind sie unantastbar und unwiderrufbar. Sie sollen jedem Menschen ermöglichen, statt in Erniedrigung und Entfremdung vielmehr »mit aufrechtem Gang, frei von Not und Furcht« zu leben. Ihr Grundprinzip ist die gleiche Würde und gleiche Freiheit jedes Menschen; ihre Aufgabe besteht darin zu verhindern, daß Menschen jemals bloß als Objekt behandelt werden.

Weil die Menschenrechte dem Menschen als solchem zukommen, sind sie der Verfügung der staatlichen Autorität grundsätzlich entzogen. Es sind vorstaatliche: überpositive und überkonstitutionelle, Rechtsgrundsätze, die von einem Staat oder einer Staatengemeinschaft nicht gewährt oder verweigert, wohl aber gewährleistet oder mißachtet werden können. Andererseits sind die Menschenrechte auf die staatliche Gewährleistung angewiesen, weshalb sie nicht bloß ein ethisch-philosophisches Thema darstellen, sondern auch die Aufgabe – und den Streitpunkt aktueller Politik.

Ohne die positivrechtliche Gewährleistung sind die Menschenrechte nur universal gültige sittliche Forderungen; sie haben bloß die Bedeutung von Ideen, Postulaten und Proklamationen, die gegenüber der herrschenden Staatswirklichkeit ohnmächtig bleiben. Werden die Menschenrechte dagegen von einer positiven Rechtsordnung und dem sie tragenden Staat institutional garantiert, werden sie zum festen Bestandteil des politischen Gemeinwesens, dann erhalten sie den positivrechtlichen Status von Grundrechten oder von fundamentalen Staatszielbestimmungen, an die alle staatliche Gewalten gebunden sind und deren Anerkennung vor den Gerichten eingeklagt werden kann.

Das Grundprinzip der Menschenrechte, die gleiche Würde und Freiheit jedes Menschen, läßt sich in eine Vielzahl spezifischer Menschenrechte auffächern, die ihrerseits in mehrere

Gruppen zusammengefaßt werden können. Die sachlich und historisch erste Gruppe bilden die persönlichen Freiheitsrechte, die jedem Menschen einen strikt persönlichen Handlungs- und Lebensraum gewähren, der gegenüber jeglicher mitmenschlicher und vor allem staatlicher Beeinträchtigung gesichert ist. Dazu gehört an erster Stelle das Recht auf die Unverletzbarkeit von Leib und Leben, das von den politischen Gewalten auf der einen Seite das Verbot von Mord und Totschlag, von Vergewaltigung, körperlicher Verstümmelung und Mißhandlung, auch von seelischer Grausamkeit fordert und auf der anderen Seite den Schutz vor willkürlicher Verhaftung und Bestrafung, so das verfassungsgeschichtlich älteste Menschenrecht (*Habeas corpus*), ferner das Verbot von grausamen Strafen und Foltern. Einen besonderen Platz unter den persönlichen Freiheitsrechten nimmt die Religions-, Glaubens- und Gewissensfreiheit ein. Zu den Freiheitsrechten gehören ferner die Eigentumsfreiheit, die Meinungs- und Pressefreiheit, die Freiheit von Kunst und Wissenschaft, die Versammlungs- und Vereinigungsfreiheit, das Brief-, Post- und Fernmeldegeheimnis.

Da ein Gemeinwesen ohne eine Verfassung, ohne Gesetze und eine Regierung nicht auskommt, gebietet das Prinzip der unantastbaren Würde und gleichen Freiheit, daß jeder Bürger Subjekt der Politik (im emphatischen Sinn des Wortes Subjekt) sei. Es verbietet ebenso, daß ein Gemeinwesen von außen regiert wird (sei es als Satellitenstaat, sei es als Kolonie), wie es – im Gegensatz zu politischen Privilegien und Diskriminierungen – für jeden Bürger die gleichen politischen Rechte fordert, so daß – aus der Perspektive der Staatsordnung betrachtet – das Selbstbestimmungsrecht aller Völker und die Demokratie sowie – aus der Perspektive subjektiver Rechte formuliert – die Gruppe der politischen Mitwirkungsrechte zum unverzichtbaren Bestandteil der Menschenrechte gehört.

Diese beiden Gruppen von Menschenrechten, die persönlichen Freiheitsrechte und die gleichen Mitwirkungsrechte, werden von Nozicks Minimalstaatskonzept im wesentlichen anerkannt. Bestritten wird nur, daß die Sozialverantwortung, eventuell in Form von Sozialrechten, zu den Staatsaufgaben gehört.

Zur Begründung der Sozialverantwortung des Staates bzw. der sozialen Grundrechte sind zwei Argumentationsstrategien denkbar. Die funktionale Argumentationsstrategie zeigt, daß ohne eine Sozialverantwortung des Staates die Freiheits- und Mitwirkungsrechte keine angemessene geschichtliche Realität erhalten; die absolute Strategie dagegen beweist die Sozialverantwortung als Staatsaufgabe eigenen Rechts. Da die Anerkennung der Freiheits- und Mitwirkungsrechte für Nozicks Staatskonzeption essentiell ist, die Sozialstaatlichkeit dagegen bestritten wird, ist gegenüber Nozick die funktionale Argumentationsstrategie die stärkere; mit einer Skizze dieser Strategie soll daher begonnen werden.

Die funktionale Argumentationsstrategie geht davon aus, daß die Behauptung der Freiheits- und Mitwirkungsrechte nicht als ein Lippenbekenntnis gedacht, vielmehr ernst gemeint ist. Wenn es aber einem Staat mit der Anerkennung der Freiheits- und Mitwirkungsrechte wirklich ernst ist, dann muß er sich auch um jene generell gültigen Realbedingungen kümmern, mit deren Hilfe man seine Freiheits- und Mitwirkungsrechte überhaupt oder aber wesentlich leichter verwirklicht, bzw. um jene Bedingungen, die die Verwirklichung unmöglich machen, verhindern oder ungebührlich erschweren.

Um es zunächst in bezug auf die Freiheitsrechte zu formulieren: Die staatliche Ordnung muß sich um die wirtschaftlichen, gesellschaftlichen und kulturellen Bedingungen der Freiheitsrechte sorgen, also um jenes Maß an Einkommen, an Erziehung und Bildung, an Arbeitsmöglichkeit, freier Zeit und an Vermögen, die es dem Menschen erlauben, sich überhaupt um Leib und Leben, darüber hinaus um ein menschenwürdiges Leben zu kümmern. Insofern aber Armut und Unwissenheit, insofern eine erschöpfende und abstumpfende

Arbeitsweise und Arbeitsdauer oder das Fehlen einer angemessenen Arbeitsmöglichkeit deutliche Hindernisse für die tatsächliche Verwirklichung der Freiheitsrechte sind, ist der Staat, sofern er die Freiheitsrechte ernst nimmt, aufgefordert, für deren Beseitigung oder wenigstens Milderung Sorge zu tragen. Eine Staatsordnung, die gerecht sein will, muß genau jene Verantwortung übernehmen, die für den Sozialstaat charakteristisch ist, nämlich die Verantwortung für die Rahmenbedingungen, unter denen Einkommen, Vermögen, Bildung und soziale Stellung erworben, verwendet und weitergegeben werden; sie trägt Verantwortung für die Rahmenbedingungen der Berufswelt, für Situationen von Alter, Krankheit und Unfall.

Aber nicht nur gegenüber den Freiheitsrechten haben die Sozialrechte bzw. hat die staatliche Sozialverantwortung die Bedeutung von Vorbedingungen der Realisierung. Entsprechendes gilt auch für die Mitwirkungsrechte bzw. das Staatsziel Demokratie. Sofern die Mitwirkungsrechte ernst genommen werden, braucht es zunächst ganz elementar die Zeit für die Stimmabgabe, dann auch Zeit für die Meinungsbildung und -äußerung, ferner ein gewisses Bildungsniveau, um sich seine politische Meinung zu bilden und um sie äußern zu können. Aus solchen Überlegungen folgt, daß die sozialen Rechte nicht bloß freiheitsfunktionale, sondern auch demokratiefunktionale Bedeutung haben; ihre Aufgabe liegt nicht nur darin, die Freiheit, sondern auch darin, die politische Mitwirkung zu ermöglichen und zu sichern.

Die liberale Staatskonzeption mit ihrem Schwerpunkt in der Eigentums- und der Erwerbsfreiheit war vor allem in Opposition zu den absolutistischen Wohlfahrtsstaaten entwickelt worden. Aus dem wachsenden Protest gegen das Überwuchern von Staatsinterventionen, die ohne Kenntnis volkswirtschaftlicher Zusammenhänge eine freie Entfaltung des Wirtschaftslebens empfindlich beeinträchtigten, kam es schließlich zur Überwindung jenes Merkantilismus, der staatliche Manufakturen und den Außenhandel einseitig begünstigte. Statt dessen entstand ein selbstbewußtes dynamisches »Besitzbürgertum«. Seine Entfesselung der wirtschaftlichen Kräfte führte jedoch nicht, wie erwartet und in der liberalistischen Volkswirtschaftstheorie behauptet, zu einem allseitigen Wohlergehen der ganzen Gesellschaft. Die schon erwähnten Nebenfolgen des dynamischen Wirtschafts- und Gesellschaftsprozesses: die Bevölkerungsvermehrung, die Verstädterung und Proletarisierung, überzogen Millionen von Menschen mit inhumanen Arbeits- und Lebensbedingungen und ließen sie die verfassungsmäßige Behauptung von Freiheits- und Mitwirkungsrechten – sofern sie überhaupt schon anerkannt waren – oft genug als blanken Hohn empfinden.

Weder die Freiheit noch die Demokratie sind gesellschaftliche Vorgegebenheiten, die von den wirtschaftlichen und sozialen Bedingungen unabhängig existieren und durch öffentliche Interventionen ausschließlich beeinträchtigt, nur eingeschränkt werden. Ganz im Gegenteil sind Freiheit und Demokratie dynamisch-geschichtliche Realitäten, die an gewisse wirtschaftliche und gesellschaftliche Rahmenbedingungen gebunden sind. Dort, wo diese Rahmenbedingungen nicht vorhanden sind, muß der auf persönliche Freiheit und politische Mitwirkung verpflichtete Staat sich darum kümmern, daß diese Bedingungen (wieder) entstehen bzw. hergestellt werden, damit der einzelne seine Freiheit und Mitwirkung tatsächlich realisieren kann.

Aus diesen mehr skizzenhaften Erörterungen folgt: Im Gegensatz zur Kritik der Idee der Sozialstaatlichkeit, wie sie sich neuerdings vor allem im Minimalstaatskonzept von Robert Nozick artikuliert, stehen die Freiheits- und Mitwirkungsrechte keineswegs im Widerspruch zur Idee der Sozialstaatlichkeit, fordern diese vielmehr heraus. Freilich dürfen die Sozialrechte bzw. die sozialstaatlichen Leitprinzipien der Politik – und dies gilt etwa gegen sozialistisch-kollektivistische Interpretationen – nicht auf Kosten der persönlichen

Freiheits- und der politischen Mitwirkungsrechte verfolgt werden. Denn sie sind in der freiheits- und demokratiefunktionalen Argumentation als Bedingungen der Verwirklichung von Freiheit und Demokratie, nicht aber als deren Konkurrenz menschenrechtlich legitim. Sie beinhalten weniger Ansprüche auf staatliche Versorgungsleistungen als solche denn Ansprüche auf die Ermöglichung und den Schutz von Freiheit und Demokratie. Sie begründen weniger einen Wohlfahrtsstaat als den freiheits- und demokratiefunktionalen Sozialstaat, einen Sozialstaat, der die einzelnen und die Gruppen vor jener Eigendynamik gewisser gesellschaftlicher und wirtschaftlicher Entwicklungen schützt, die die reale Freiheit und reale Demokratie bedrohen.

Durch das Engagement des ehemaligen amerikanischen Präsidenten Jimmy Carter für die Menschenrechte ist in der politischen Diskussion der Streit um die richtige Menschenrechtskonzeption wiederaufgelebt: Geht es in den Menschenrechten – gemäß der westlich-bürgerlichen Tradition – vor allem um die persönlichen Freiheitsrechte oder aber – gemäß sozialistischer Konzeption – um die Sozialrechte, oder aber – wie es die Dritte Welt proklamiert – um den Vorrang des Rechts auf physisches und kulturelles Überleben? Die hier vertretene Begründung der Menschenrechte aus dem Prinzip der gleichen Freiheit und die freiheits- und demokratiefunktionale Begründung der Sozialrechte bzw. einer staatlichen Sozialverantwortung zeigen, daß die drei Gruppen der Menschenrechte sich nicht gegenseitig ausschließen, vielmehr ergänzen. Zu den Menschenrechten gehören ebenso die persönlichen Freiheitsrechte wie die politischen Mitwirkungsrechte und die Sozial- und Kulturrechte. Im Gegensatz zu einer gelegentlich leichten, gelegentlich auch massiven Überbetonung der (dann oft bloß formalen) Freiheits- und Demokratierechte im Westen, der Sozialrechte im Osten und des Selbstbestimmungsrechts der Völker in Gebieten alter oder neuer Kolonisation wird erst in der gleichzeitigen Anerkennung aller drei Gruppen die Idee der Menschenrechte voll erfüllt. Nur eine Menschenrechtskonzeption, die die klassischen Freiheits- und Mitwirkungsrechte mit den Sozialrechten bzw. mit einer Sozialverantwortung des Staates verbindet, bietet die Chance, daß die Menschenrechte – jenseits aller taktischen Finessen in einer globalen Auseinandersetzung zwischen der Ersten, der Zweiten und der Dritten Welt – zu einem gemeinsamen Bezugspunkt aller Staaten werden.

Weil Nozick die Freiheits- und Mitwirkungsrechte selbstverständlich anerkennt, ist die bisherige Begründung einer Sozialverantwortung des Staates der funktionalen Argumentationsstrategie gefolgt. Die Sozialrechte haben aber nicht nur eine freiheits- und demokratiefunktionale Bedeutung. Gemäß der anderen, der absoluten Argumentationsstrategie haben sie auch einen Wert in sich selbst: Wie schon in der Kritik an Nozicks Anspruchstheorie der Gerechtigkeit angedeutet wurde, ist die Erde samt ihren Früchten allen Menschen und nicht nur bestimmten Individuen und Gruppen übergeben. Daher haben auch alle Menschen einen Anspruch auf »Teilhabe« an den »Früchten der Erde«, und die Sozialrechte haben, worauf hier nur gewiesen werden soll, im Sinne von Teilhaberechten nicht nur eine demokratie- und freiheitsfunktionale Bedeutung; sie haben auch ein Recht und einen Wert in sich selbst.

Subjektive Sozialrechte?

Mit der Rechtfertigung einer Sozialverantwortung des Staates ist noch nicht gesagt, wie und in welcher Weise der Staat diese Verantwortung zu übernehmen hat. Selbst wenn die Sozialverantwortung in einem (dann sinnvollerweise offenen) Katalog von sozialen Grundrechten (Sozialrechten) ausbuchstabiert wird, fragt es sich, ob diese Rechte die Bedeutung subjektiver öffentlicher Rechte haben könnten, die den Individuen einen gerichtlich einklagbaren Anspruch an den Staat garantieren. Gegen ein solches Verständnis kann man schon die vielfältigen Schwierigkeiten der Justiziabilität anführen, ferner die Tatsache, daß Sozialrechte, als subjektive öffentliche Rechte verstanden, im Widerspruch mit persönlichen Freiheitsrechten stehen können. So möchte jemand glauben, aus dem Grundrecht auf Arbeit ließe sich ableiten, daß Arbeiter eines konkursgefährdeten Unternehmens ihre Fabrik besetzen und dann für eigenen Verdienst produzieren dürften. Ohne in eine Diskussion von Einzelfällen einzutreten, die sich auch als Ausnahmefälle entpuppen könnten, sieht man doch, daß man dort, wo ein solches Vorgehen zu einem Rechtstitel hochstilisiert wird, gegen die Eigentumsfreiheit und die Handelsfreiheit verstößt. Allgemein formuliert: Wer das Grundrecht auf Arbeit als staatliche Arbeitsplatzzuweisung und Arbeitsplatzbeschaffung versteht, stellt sich in einen Widerspruch mit persönlichen Freiheitsrechten wie der Berufsfreiheit und der Wirtschaftsfreiheit. Ein solcher Widerspruch spricht aber noch nicht gegen die Idee sozialer Grundrechte bzw. Sozialrechte. Er führt nur dazu, ein Verständnis der Sozialrechte als subjektiver öffentlicher Rechte abzulehnen und nach einer anderen Rechts- und Verbindlichkeitsstruktur zu suchen.

Schon die »traditionellen Grundrechte«, die Freiheits- und die Mitwirkungsrechte, sind nach der neueren Grundrechtstheorie nicht nur subjektive Rechte, sondern auch objektive Richtlinien und normative Staatszielbestimmungen (vgl. Badura, Forsthoff, Friesenhahn, Müller, Saladin)[14]. Dieses erweiterte Verständnis der traditionellen Grundrechte läßt sich auf die Sozialrechte übertragen. Das heißt: Die Sozialrechte wenden sich an erster Stelle an die Legislative und die Exekutive und fordern, allen Bürgern ein menschenwürdiges, eine reale Demokratie und reale Freiheit eröffnendes Dasein zu ermöglichen:

»*Soziale Grundrechte* lassen sich nur in den seltensten Fällen mit der Stringenz als Verfassungsbestimmung formulieren, daß der einzelne unmittelbar darauf gestützt einen Anspruch gegen den Staat oder gegen Dritte durchsetzen könnte. Das Recht auf Arbeit, auf soziale Sicherheit, auf Fürsorge, auf Bildung, auf angemessene Wohnung usw. können *nur im Sinne von Programmen* proklamiert werden, die zu verwirklichen dem Gesetzgeber aufgegeben ist. *Erst das Gesetz schafft und umgrenzt dann den Anspruch des Einzelnen*«.[15]

Daher sind Sozialrechte als Aufforderung an den Gesetzgeber zu sozialstaatlichem Handeln zu verstehen. Sozialrechte vermögen nicht, konkrete zwingende Ansprüche von Individuen oder von Gruppen, etwa den Anspruch auf Zuweisung einer Wohnung oder eines Arbeitsplatzes, zu begründen. Sie formulieren vielmehr allgemeine Verantwortungsrichtungen des Staates.

In diesem Sinne ist der schweizerische Verfassungsentwurf[16] 1977, Artikel 26 »Sozialrechte« zu verstehen:

»1. Der Staat trifft Vorkehren,
   a) damit jedermann sich nach seinen Fähigkeiten und Neigungen bilden und weiterbilden kann;
   b) damit jedermann seinen Unterhalt durch Arbeit zu angemessenen Bedingungen bestreiten kann, und damit jeder Arbeitnehmer vor einem ungerechtfertigten Verlust seines Arbeitsplatzes geschützt ist;
   c) damit jedermann an der sozialen Sicherheit teilhat und besonders gegen die Folgen von Alter, Invalidität, Krankheit, Arbeitslosigkeit oder Verlust des Versorgers gesichert ist;
   d) damit jedermann die für seine Existenz unerläßlichen Mittel erhält;
   e) damit jedermann angemessene Wohnung zu tragbaren Bedingungen finden kann, und der Mieter vor Mißbräuchen geschützt ist.

2. Der Staat schützt die Familie und die Mutterschaft.«

Hier werden keineswegs subjektive öffentliche Rechte formuliert, vielmehr wird der Staat zu einer bestimmten Politik verpflichtet; genauer: ihm werden gewisse Rahmenverantwortlichkeiten übertragen, ohne festzulegen, wie die Verantwortlichkeiten sachgerecht übernommen werden können. Die Frage einer sachgerechten Sozialverantwortung des Staates läßt sich nicht durch menschenrechtliche Überlegungen allein beantworten. Dazu braucht es ganz wesentlich wirtschafts- und sozialwissenschaftliche Fachkenntnisse. Und auf ihrer Grundlage kann man mit Fug und Recht bezweifeln, daß die weitverbreitete Art staatlicher Sozialverantwortung – nämlich direkte Staatsinterventionen (Gebote und Verbote, Subventionen, Konjunkturprogramme usw.) – tatsächlich sachgerecht ist, obwohl sie neben hohen finanziellen Kosten jene anonyme Bürokratie aufbläht, die den Rückzug vieler Bürger ins Private und zugleich das Abschieben der Verantwortung nach oben fördert. Die Alternativen zum Staatsinterventionismus: die Dezentralisierung und die Delegation von Aufgaben nach unten, die Förderung nichtstaatlicher Agenturen, die Hilfe zur Selbsthilfe, das Prinzip der Subsidiarität, die Schaffung angemessener Ordnungsstrukturen usw. – diese ganze Palette alternativer Politik der Sozialverantwortung sollte wieder mehr Gewicht erhalten (vgl. für viele Böttcher[17] u. a.).

Nun kann man sich fragen, ob es angesichts der Offenheit sachgerechter Sozialverantwortung des Staates überhaupt sinnvoll ist, Sozialrechte (soziale Grundrechte) in eine Verfassung aufzunehmen. Weil die Sozialrechte sich in erster Linie an den Gesetzgeber und die ausübende Gewalt richten und beiden verbindliche Orientierungen auferlegen, ohne auszubuchstabieren, wie die Verbindlichkeiten im einzelnen realisiert werden können, haben die Sozialrechte ihren legitimen Ort genau in der Verfassung. Denn die Verfassung soll jene substantiellen und prozeduralen Grundsätze formulieren, an die alle Gesetzgebung und Politik gebunden sind, ohne den politischen Gremien und Prozessen die Aufgabe abzunehmen, im Streit der Meinungen und unter den wechselnden empirischen Randbedingungen mit Hilfe wirtschafts- und sozialwissenschaftlicher Erkenntnisse die konkrete Verwirklichung zu finden.

Auch wenn die Freiheits- und Mitwirkungsrechte auf der einen und die Sozialrechte auf der anderen Seite sich nicht grundsätzlich widersprechen, stehen sie doch in einer gewissen Spannung zueinander; denn die Sozialrechte geben dem Gesetzgeber und der Verwaltung neue Kompetenzen und mit ihnen Eingriffsmöglichkeiten in die persönliche Freiheit. Zudem schaffen sie neue Bürokratien und neue Finanzforderungen des Staates. Die Zunahme von Staatskompetenzen, Verwaltungsapparaten und Finanzforderungen treffen aber Gesellschaften, die – wie erwähnt – an die Grenzen ihrer finanziellen Belastbarkeit gestoßen sind und in denen sich durch das Überhandnehmen anonymer staatlicher Bürokratien eine wachsende Staatsverdrossenheit bemerkbar macht. In dieser Situation stellt sich die Frage, für wieviel der Staat sorgen *muß* und für wieviel er sorgen *darf*. Diese Frage hat noch keine präzise Lösung gefunden, die einmal für immer Gültigkeit beanspruchen dürfte. Viel eher wird sie für die moderne Politik noch eine Zeitlang eine offene Frage bleiben.
Die Frage ist auch weder durch feste Richtwerte noch durch eine wissenschaftliche oder philosophische Theorie endgültig zu beantworten. Doch kann die Philosophie eine erste Orientierung leisten, indem sie beispielsweise auf Aristoteles' Lehre von der Mitte hinweist, einer Mitte, die durch den Logos: durch Überlegung, Urteilskraft und Vernunft, zu bestimmen ist und die zwischen einem Zuwenig und einem Zuviel, zwischen Unzulänglichkeit und Übermaß, liegt. Diese Mitte wird selten genau getroffen, noch seltener auf Dauer gehalten. Es ist eine wichtige Aufgabe der Politik, immer wieder neu das empfindliche Gleichgewicht zwischen dem Zuviel an Sozialstaatlichkeit und dem Zuwenig zu finden; dabei müssen Erfahrung und Augenmaß helfen. Auch

wenn die modernen Staaten da und dort mit ihrer Sozialverantwortung schon zu weit gegangen sein mögen, gibt es andere Bereiche, in denen sie ihre Verantwortung noch nicht hinreichend erkannt und verwirklicht haben. Vor allem aber gilt, daß Nozick sich seine Aufgabe zu leicht gemacht hat; statt eine problemangemessene Begründung zu liefern und Hinweise zu geben, wie man das empfindliche Gleichgewicht zwischen dem Zuviel und dem Zuwenig finden kann, hat er offensichtlich eine Konzeption des Zuwenig geliefert, eine Konzeption ohne Erfahrung und Augenmaß, eine Konzeption, die der philosophisch-politischen Diskussion wenig hilft.

Anmerkungen

1 Verfassungsentwurf der Expertenkommission für die Vorbereitung einer Totalrevision der Bundesverfassung, Bern 1977.
2 R. Nozick, *Anarchy, State, and Utopia*, Oxford 1974; New York 1975 (dt. *Anarchie – Staat – Utopia*, München 1976).
3 J. Rawls, *A Theory of Justice*, Cambridge (Mass.) 1971, Oxford 1972 (dt. *Eine Theorie der Gerechtigkeit*, Frankfurt a. M. 1975; 1979 (stw 271).
4 J. M. Buchanan, *The Limits of Liberty. Between Anarchy and Leviathan*, Chicago/London 1975 (dt. *Die Grenzen der Freiheit zwischen Anarchie und Leviathan*, Tübingen 1984). – J. M. B., *Freedom in Constitutional Contract. Perspectives of a Political Economist*, College Station (Texas) 1977.
5 M. Oakeshott, *On Human Conduct*, Oxford 1975.
6 M. Friedman, *Capitalism and Freedom*, Chicago/London [11]1977 (dt. *Kapitalismus und Freiheit*, Berlin 1984).
7 F. A. von Hayek, *Die Verfassung der Freiheit*, Tübingen 1971; 2., durchges. Aufl. 1983.
8 Nozick (Anm. 2) S. 11.
9 Ebd., S. 31–35.
10 Ebd., S. 25.
11 Ebd., S. 25 f.

12 Ebd., S. 38.
13 Ebd., S. 144.
14 P. Badura, »Das Prinzip der sozialen Grundrechte und seine Verwirklichung im Recht der Bundesrepublik Deutschland«, in: *Der Staat* 14 (1975) S. 17–48. – E. Forsthoff (Hrsg.), *Rechtsstaatlichkeit und Sozialstaatlichkeit. Aufsätze und Essays*, Darmstadt 1968. – E. Friesenhahn, »Der Wandel des Grundrechtsverständnisses«, in: *Verhandlungen des 50. Deutschen Juristentages*, Bd. 2, Hamburg 1974, G S. 3 – G S. 37. – J. Müller, »Soziale Grundrechte in der Verfassung?« in: *Referate und Mitteilungen des Schweizerischen Juristenvereins*, Basel 1973, S. 1080–1091. – P. Saladin, *Grundrechte im Wandel*, Bern ^{2}1975.
15 Friesenhahn (Anm. 14) G S. 14 f.
16 Siehe Anm. 1.
17 E. Böttcher / Ph. Herder-Dorneich / K.-E. Schenk (Hrsg.), *Neue politische Ökonomie als Ordnungstheorie*, Tübingen 1980.

Pluralismus und Toleranz: zur Legitimation der Moderne

Der Pluralismus ist ebenso wie die ihm zugeordnete Toleranz ein Merkmal der modernen Lebenswelt, das sich im Verlauf der Neuzeit zur beherrschenden Bedingung sozialer Freiheit und politischer Gerechtigkeit herausgebildet hat, das heute in dieser Bedeutung aber nicht mehr unbestritten ist.[1]

Empirische und normative Elemente

Allgemein verstehen wir unter Pluralismus nicht bloß eine Vielfalt, sondern das gleichberechtigte Neben- und Gegeneinander von natürlichen oder sozialen Elementen, denen ein übergeordnetes Prinzip der Einheit fehlt. Der Pluralismus kann metaphysisch verstanden werden und mit Christian Wolff jene Philosophien bezeichnen, die eine Vielfalt von Wesen zur Erklärung der Welt annehmen. In neuerer Zeit hat William James eine unendliche Menge begrenzter Tatsachen, Beziehungen und Systeme behauptet, die sich in ständigem Fluß befinden, zu immer neuen Verhältnissen und Strukturen führen und für deren Erkenntnis es keine festen Kategorien und Kriterien, sondern nur perspektivische Orientierungspunkte gibt.[2] Der Pluralismus kann auch die methodische Voraussetzung wertneutraler Sozialwissenschaften meinen, die Mannigfaltigkeit von Kulturformen, von der »alle Soziologie auszugehen hat«.[3] Heute wird der Begriff vornehmlich gesellschaftlich und politisch verstanden, wobei empirische und normative Elemente zusammenfließen.

Empirisch gesehen bezeichnet der Pluralismus eine Vielfalt von Bekenntnissen und Religionen (religiöser Pluralismus), von Werten (Wertpluralismus), gesellschaftlichen Gruppen (sozialer Pluralismus) und politikbestimmenden Kräften (politischer Pluralismus). Diese mehrdimensionale Vielfalt verdankt unsere Lebenswelt vor allem den Glaubenskriegen der Reformationszeit, der europäischen Aufklärung, der bürgerlichen und der industriellen Revolution. Durch sie wurde ein Differenzierungsprozeß in Gang gesetzt oder beschleunigt, der die relativ homogenen und stabilen Verhältnisse der sogenannten alteuropäischen Gesellschaften, auch die Verbindung von Kirche und Staat aufgelöst und offene Gesellschaften von immer zahlreicheren Gruppen mit eigenen Interessen, Überzeugungen und Verhaltensweisen hervorgebracht hat. Der Pluralismus besagt zweitens – und darin steckt sein normativer Gehalt –, daß die Vielfalt und Unterschiedlichkeit anerkannt und gutgeheißen werden; bei aller funktionalen Verschiedenheit sind die Gruppen gleich berechtigt, sich frei zu entfalten.

Eine besondere Bedeutung hat der Pluralismusbegriff in der modernen Demokratietheorie gewonnen.[4] Hier gilt er als ein kritischer Begriff, nämlich als jene zentrale Vermittlungskategorie zwischen Individuum und Staat, mit der ebenso die liberale Vereinzelung der Individuen wie jene Allmacht und Allzuständigkeit des Staates verworfen werden, die auf Hobbes' Begriff der absoluten und ungeteilten Staatssouveränität zurückgehen, aber auch Rousseaus »volksdemokratischer« Lehre eines homogenen Volks- und Staatskörpers nicht fremd sind.

In der pluralistischen Demokratie, so die empirische Aussage, sind vielfältige Kräfte am Werk, die auf der Grundlage eines Fundamentalkonsenses über institutionalisierte Entscheidungsprozesse mit- und gegeneinander um Einfluß und Geltung ringen. Dabei haben die verschiedenen Kräfte – so wiederum der normative Gehalt –: die Berufsgruppen, Gewerkschaften und Unternehmerverbände, die Wissenschaftsorganisationen, Kirchen und Parteien, selbst die Bürgerinitiativen, unbeschadet ihrer inhaltlichen, auch funktionalen Verschiedenheit grundsätzlich das gleiche Recht, sich auf den verfassungsmäßigen Wegen (etwa in der öffentlichen Diskussion, bei den Wahlen oder über die Parlamentarier) in den politischen Prozeß einzuschalten. Die Politik wird nicht aus einem klar erkennbaren, aller politischen Auseinandersetzung voranliegenden und allen Beteiligten gleicherweise gerecht werdenden allgemeinen Wohl abgeleitet. Politische Entscheidungen gehen aus der ständigen Auseinandersetzung konkurrierender Interessengruppen hervor, die sich gegenseitig kontrollieren und in immer neuen Koalitionen zu einem mehrheitsfähigen Kompromiß »zusammenraufen« müssen.

Zur Kritik des Pluralismus

Die Kritik am Pluralismusbegriff richtet sich teilweise gegen seinen empirischen, teilweise gegen seinen normativen Gehalt; die normative Kritik betrifft entweder den Wert- oder aber den politischen Pluralismus.
Augenfällig wird der *Wertpluralismus* in der Gestalt des weltanschaulich neutralen Staates. Ihm wird Relativismus, sogar Nihilismus vorgeworfen, weil er nicht einmal allgemeine Grundwerte als verbindlich anerkenne, daher für die Sinn- und Orientierungskrisen mitverantwortlich sei, die die zeitgenössischen Industriegesellschaften bedrohen. Auf die Spitze getrieben, hebe sich der weltanschaulich neutrale Staat sogar selbst auf, da er jenen Rahmen, innerhalb dessen sich die pluralen Kräfte frei entfalten dürfen, nicht legitimieren könne.
Die bedeutendste Kritik am *politischen Pluralismus* stammt von Carl Schmitt und seinen Schülern; sie fürchten die zentrifugalen, »anarchistischen« Tendenzen des Pluralismus. Durch die Offenheit und Unsicherheit der pluralistischen Demokratie werde die staatliche Entscheidungskraft gelähmt (Stichwort: Unregierbarkeit); zudem entsprechen die kompromißreichen Resultate weder moralischen noch technisch-wirtschaftlichen Idealen einer guten Politik.
Vertreter der kritischen Theorie halten den Pluralismus für wünschbar, bestreiten aber, daß die empirischen Vorausset-

zungen seiner Verwirklichung gegeben seien. Sie verweisen auf gesellschaftlich Unterprivilegierte, die von der Teilnahme am Prozeß des Interessenausgleichs faktisch ausgeschlossen oder zumindest gegenüber mächtigeren Organisationen deutlich benachteiligt seien. Die normative Idee einer Gleichberechtigung aller Gruppen sei daher mehr Postulat als gesellschaftliche Wirklichkeit. Andere Kritiker behaupten eine »Standardisierung der Subjekte«, die einer autonomen Definition ihrer Interessen und damit einer genuin pluralistischen Differenzierung nicht mehr fähig seien. An die Stelle eines freien Konzerts der Interessengruppen seien bürokratische Apparate getreten, deren eigengesetzliche Entwicklung die politische Szene beherrsche.

Der politische Pluralismus setzt zwei Bedingungen als gegeben voraus. Einerseits sollen alle Interessen und die sie vertretenden Gruppen in der öffentlichen Diskussion und im politischen Willensbildungsprozeß gleichberechtigt sein; andererseits soll sich das Allgemeinwohl durch den Interessenkampf gleichberechtigter Gruppen realisieren. Beide Bedingungen sind selbst in fortschrittlichen Demokratien bestenfalls in Annäherung erfüllt. Denn in der pluralistischen Gesellschaft haben die Bürger mit ihren Interessen und Überzeugungen keinen direkten Zugang zur Politik, sondern nur über die Vermittlung von Vereinen, Verbänden und Parteien. Dadurch erhalten die Interessen und Überzeugungen zwar politische Macht, aber in unterschiedlicher Stärke. Denn die Organisation von Interessen und Überzeugungen führt oft genug zu empfindlichen Verzerrungen ihres Einflusses.

Schon aufgrund der konkreten geschichtlich-gesellschaftlichen Randbedingungen sind manche Interessen und Überzeugungen weit mächtiger als andere vertreten: etwa weil die entsprechenden Verbände straffer organisiert oder durch kräftigere Geldgeber unterstützt sind, weil sie über attraktive Medien verfügen oder eine bessere Beziehung zu den Massenmedien haben. Daher wird die Gleichberechtigung nicht schon dadurch verwirklicht, daß – anders als in der früheren Feudal-, Stände- oder Honoratiorengesellschaft – rechtliche Privilegien abgeschafft und alle Bürger formaldemokratisch gleichgestellt sind. Der Pluralismus beschreibt nicht einfach unsere gesellschaftliche und politische Wirklichkeit. Zu einem bedeutenden Teil ist er tatsächlich ein Postulat, demgemäß die empirischen Verhältnisse noch umzugestalten wären.

Die Umgestaltung, so eine weitere Schwierigkeit, ist pluralismus-immanent nur begrenzt möglich. Denn erstens verzichten mächtige Gruppen nicht freiwillig auf ihre Übermacht. Zweitens läßt sich soziologisch zeigen[5], daß sich manche Interessen grundsätzlich besser organisieren lassen als andere, was etwa zu einem Übergewicht der Wirtschaftsgruppen (Arbeitgeber wie Arbeitnehmer) führt. Ferner gibt es Konzentrationsbewegungen und innerorganisatorische Oligarchisierungstendenzen, durch die der Sinn des Pluralismus, die Freiheit der Bürger, gefährdet wird: Die Abhängigkeit vom Staat weicht der Abhängigkeit von der Verbandsbürokratie und ihren Funktionären. Schließlich führt selbst eine faire Auseinandersetzung der pluralistischen Interessengruppen nicht einfach zum konkreten Allgemeinwohl. Denn in der Regel ziehen die langfristigen gegenüber den kurzfristigen und die allgemeinen gegenüber den partikularen Interessen den kürzeren, weshalb etwa der Umweltschutz so leicht verdrängt wird.

Überblickt man diese Argumente, dann muß man weder einer Verschwörertheorie noch einer radikalen Kapitalismuskritik anhängen, um gegen die empirische Behauptung des Pluralismus einen Rest an Skepsis zu bewahren. Folglich ist die Vielfalt der intermediären Gruppen zweifelsohne eine Stütze der Freiheit, eine pluralistische Gesellschaft allemal besser als eine nichtpluralistische und der Pluralismus ein wichtiges »Strukturelement der freiheitlich-rechtsstaatlichen Demokratie«[6]. Trotzdem kann der Pluralismus allein nicht seinen Sinn verbürgen; er ist nur eine hilfreiche, keineswegs die zureichende Organisationsform der Freiheit und Gerechtigkeit.

Gegen eine Gleichsetzung von Pluralismus und freiheitlicher Demokratie ist auch deshalb Zurückhaltung geboten, weil der Pluralismusbegriff nur die Vielfalt und Konkurrenz, aber nicht die komplementären Elemente der Gemeinsamkeit und Kooperation herausstellt. Eine freiheitliche Demokratie besteht nicht nur aus dem Neben- und Gegeneinander des Vielfältigen, sondern auch aus der Regelung des Neben- und Gegeneinander. Die Regelung stiftet ein Miteinander: die Gemeinsamkeit der Probleme, die zu lösen sind, und vor allem jenen (verfassungsmäßigen) Fundamentalkonsens, der den normativen Gehalt und die Spielregeln des Pluralismus definiert. Zudem dürfen wir über aller Vielfalt nicht mancherlei geschichtliche und gesellschaftliche Gemeinsamkeiten übersehen. So erweist sich der Pluralismus vor aller persönlichen und öffentlichen Wünschbarkeit als ein einseitiger, undialektischer Begriff, der die Vielfalt im Gegensatz zur Einheit, die Konkurrenz im Gegensatz zur Kooperation, auch die Geschichtslosigkeit im Gegensatz zur gemeinsamen Geschichte betont. Er ist eine kritische Vermittlungskategorie mit begrenzter Erklärungs- und Legitimationsfunktion, die keineswegs verabsolutiert werden und vor allem nicht ihren Sinn aus dem Auge verlieren darf, den Dienst an der Freiheit und Gerechtigkeit.

Da im Pluralismusbegriff empirische und normative Elemente zusammenlaufen, hat die normative Beurteilung schon in der empirischen begonnen. Fortgesetzt wird sie mit einer *pragmatischen* Überlegung: Die Dezentralisierung der politischen Macht, die institutionelle und soziale Teilung der Willensbildungsprozesse sowie die Vielfalt der Überzeugungen und Verhaltensmuster erhöhen die Chance eines effizienten Zusammenlebens, in dem überflüssige Frustrationen und Reibungen unter den Menschen zurücktreten.

Die weitergehende, *sittliche* Beurteilung beginnt mit einer ethisch-anthropologischen Einsicht. Wegen seiner Instinktarmut und mangelnden Organspezialisierung ist der Mensch nicht auf bestimmte Handlungsweisen festgelegt. Dank seiner Sprach- und Vernunftbegabung steht er vielmehr in einem reflektierten Verhältnis zu seinem Tun und Lassen, was ihn zu einem freien und verantwortlichen Handeln befähigt, aber auch herausfordert. Deshalb hat der Mensch als Individuum, als Klein- oder Großgruppe die Aufgabe, aber auch das Recht, selber gewisse Wertüberzeugungen und Handlungsmuster zu entwickeln und sich hinsichtlich der Ziele und Wege seines Lebens selbst zu bestimmen. Dabei sind schon deshalb unterschiedliche Überzeugungen und Handlungsmuster zu erwarten, weil wegen der geschichtlichen (sowohl persönlichen als auch gesellschaftlichen) Bedingungsfaktoren, unter denen die Selbstbestimmung stattfindet, ihre Inhalte und Formen perspektivisch begrenzt sind und keiner für sich die uneingeschränkte »Wahrheit« beanspruchen kann. Im Pluralismus der Interessen, Wertvorstellungen und Lebenspläne kommt der Reichtum der menschlichen Selbstverwirklichung und zugleich die Begrenztheit jeder konkreten Gestaltungsform zum Ausdruck. Das bedeutet freilich nicht, daß jede Gestaltungsform ein gleiches Maß an humaner Selbstverwirklichung eröffnet. Doch unter Anerkennung der Menschen als selbstverantwortlicher Personen und mündiger Bürger erhält keine Institution oder Instanz das Recht, die Menschen zu bestimmten Formen zu zwingen.

Auf der anderen Seite sind die verschiedenen Gruppen schon durch die arbeitsteilige Struktur der Gesellschaft aufeinander bezogen. Und die Arbeitsteilung stellt nur einen der vielen Gesichtspunkte dar, die eine Vermittlung notwendig machen. Im Raum der eigenen Gruppe sind die jeweiligen Interessen und Überzeugungen gewohnt, Anerkennung zu finden. Außerhalb stehen sie aber in Konkurrenz und Konflikt mit denen anderer Gruppen. Da die Lösung der Konflikte bei Menschen nicht instinktmäßig abgesichert ist, droht die Gefahr einer kollektiven Selbstzerstörung. Um diese Gefahr zu bannen und um zugleich einem kruden Sozialdarwinismus zu entgehen, der die Schwachen noch schwächer, die Vitalen und Gerissenen aber noch stärker macht, sind allgemeine Verbindlichkeiten erforderlich, die eine humane und gerechte Behandlung der Konflikte gewährleisten. Daher ist nicht ein absoluter Pluralismus sinnvoll; lebensfähig und wünschenswert ist allein ein relativer Pluralismus, der sich innerhalb grundlegender Gemeinsamkeiten entfaltet.

Ein solcher Pluralismus kann dem Relativismus- und Nihilismusverdacht begegnen. Auch wenn die modernen Gesellschaften gegen einen zeitlos gültigen Kodex von Werten skeptisch sind, auch wenn sie keiner persönlichen, politischen, religiösen oder intellektuellen Instanz Unfehlbarkeit zuerkennen, brauchen sie als Arbeits- und Kommunikationszusammenhang wenigstens einige allgemein gültige normative Verbindlichkeiten, die dem Widerstreit partikularer Bekenntnisse und Daseinsentwürfe enthoben sind. Dabei kommt den Menschenrechten eine besondere Bedeutung zu. Denn bei ihnen handelt es sich schon vom Begriff her um Rechte, die unabhängig von persönlichen und gesellschaftlichen Verhältnissen, von politischen Konstellationen und geschichtlich-kulturellen Bedingungen gültig sind. Als persönliche Freiheitsrechte, politische Mitwirkungsrechte sowie Sozial- und Kulturrechte sind die Menschenrechte Bedingungen und Ausdruck der gegenseitigen Anerkennung von grundsätzlich gleichberechtigten Personen. Daher bezeichnen sie Ansprüche, die jedem Menschen als solchem zukommen: sie gehören zu dem, was einem legitimen Pluralismus entzogen ist und was jede Rechts- und Staatsordnung, gerade auch die pluralistische Demokratie, dem Menschen schuldet. Durch die Menschenrechte werden auch jene Minderheiten geschützt, die im pluralistischen Konkurrenzkampf zu kurz kommen.

Die normativen Überlegungen zur Rechtfertigung und Begrenzung des Pluralismus gelten auch für eine Institution, die es sich bislang mit dem Pluralismus schwergemacht hat:

die Kirchen. Einerseits fühlen sie sich an das Alte und vor allem das Neue Testament gebunden, das für sie jeder pluralistischen Relativierung entzogen ist. Andererseits verdanken sich die christlichen Kirchen des Abendlandes nicht nur ihren heiligen Schriften, sondern auch einer kritischen Auseinandersetzung mit vorchristlichem, mit griechischem, römischem und germanischem Denken. Dasselbe Recht, sich in Auseinandersetzung mit regionalen Traditionen zu entwikkeln, muß heute den anderen Sprach- und Kulturräumen und innerhalb ihrer vielleicht auch verschiedenen Gruppen eingeräumt werden, so daß sie unter Rückgriff auf ihre Geschichte eigene Ausprägungen des christlichen Lebens und Verstehens entwickeln können. Eine wahrhafte Weltkirche steht unter der nie abgeschlossenen und in ihrem Gelingen auch nie für immer gesicherten Aufgabe, ihre christliche Einheit in kultureller und gesellschaftlicher Vielfalt zu verwirklichen. Eine ähnliche Aufgabe der Vielfalt in Einheit stellt sich der wissenschaftlichen Theologie.[7]

Die Toleranzidee

Weder der gesellschaftliche noch der politische Pluralismus gilt als Selbstzweck. Sie sollen die Bürger in ihrer Freiheit schützen und allen das gleiche Recht auf Freiheit verbürgen; ihre Legitimationsgrundlage besteht in Freiheit und Gerechtigkeit. Mit der Anerkennung der nach Interessen, Überzeugungen und Lebensformen unterschiedlichen Gruppen verwirklicht man Toleranz. So ist die Idee des Pluralismus durch ihren normativen Gehalt von vornherein auf Toleranz ausgerichtet, und die Toleranz hat, ebenso wie der Pluralismus, ihre Legitimationsgrundlage in der Idee der Gerechtigkeit und dem neuzeitlichen Prinzip der Freiheit. Pointierter: Pluralismus und Toleranz betrachten dasselbe Phänomen aus unterschiedlicher Perspektive. Während der Pluralismus die Vielfalt gleichberechtigt freier Gruppen hervorhebt, betont die Toleranz das Gelten- und Gewährenlassen der Freiheit anderer, besser noch: die Achtung der anderen Anschauung und Handlungsweise in ihrer freien Andersheit.

Die Toleranzidee hat sich im christlichen Abendland an der Religionsfreiheit entzündet. In unserer fortgeschrittenen säkularisierten Welt ist sie aber längst nicht mehr ein spezielles Problem des Zusammenlebens verschiedener Konfessionen und Religionen. Toleranz ist ebenso und oft genug primär gegenüber gesellschaftlich, politisch und kulturell unterschiedlichen Überzeugungen gefordert. Dabei ist eine schwächere und passive Form der Toleranz, die bloße Duldung des Andersartigen, von einer stärkeren, aktiven und kreativen Form zu unterscheiden, der Offenheit für Unterschiede, ja sogar deren freier Anerkennung.

Da ohne die gegenseitige Duldung des Verschiedenartigen die pluralistische Demokratie weder entstehen noch fortbestehen kann, ist zumindest in der schwächeren Form die Toleranz ein Grundprinzip der modernen Staaten.[8] Aber nicht erst unter den Bedingungen und zugunsten eines politischen Pluralismus wird Toleranz notwendig. Wenn auch nicht immer gleich stark ausgeprägt, finden sich unter den Menschen doch immer Unterschiede in den Bedürfnissen, Talenten und Interessen, im Geschmack und der geschichtlich-gesellschaftlichen Herkunft, darüber hinaus in der Erkenntnis und Interpretation der persönlichen oder gesellschaftlichen Situation, in der man lebt. Auch gegen Irrtümer, Vorurteile und Fehler ist keiner gefeit. Deshalb ist zumindest die passive Toleranz eine allgemeingültige Haltung des zivilisierten Umgangs der Menschen miteinander, durch die das Zusammenleben in Ehe und Familie, im Betrieb, in der Gesellschaft, im Staat, selbst zwischen den Staaten erträglich gemacht und effizient gestaltet wird. Zugunsten der Toleranz spricht also schon ein aufgeklärtes Selbstinteresse.

Die Kern- und Tiefendimension der Toleranz ist damit aber noch nicht erreicht. Ihre stärkere Form, die freie Anerkennung des anderen und Andersartigen, gründet letztlich in der

Würde und Freiheit jeder menschlichen Person. Deshalb besteht die Toleranz nicht nur in jener Nachsicht gegenüber den Eigenarten und Schwächen der Mitmenschen, die man von ihnen erbitten und ihnen freiwillig gewähren kann. Da ohne die gegenseitige Anerkennung ein gleichberechtigtes Zusammenleben selbstverantwortlicher Personen nicht möglich wird, ist die Toleranz eine Grundbedingung der Gerechtigkeit menschlichen Zusammenlebens in Freiheit und als Gerechtigkeitsbedingung ein Anspruch, der niemandem verweigert werden darf.

Für die aktive Toleranz läßt sich nicht bloß das praktische (sittlich-politische) Prinzip der Freiheit, sondern auch das theoretische Interesse an der Wahrheit anführen. Da die menschliche Erkenntnis begrenzt ist, bietet die freie Auseinandersetzung unterschiedlicher Meinungen die bessere Chance zur Wahrheit als das »intolerante«, nämlich dogmatische und gegen Kritik verschlossene Beharren auf der einmal gebildeten Überzeugung.

Schwierigkeiten mit der Toleranz: das Beispiel der Religionsfreiheit

Wie das allgemeine Prinzip der Freiheit, so hat auch seine besondere Ausprägung im Prinzip Toleranz erst nach langen geistigen und gesellschaftlich-politischen Auseinandersetzungen eine prinzipielle Anerkennung gefunden. Dabei spielt die religiöse Toleranz (Religionsfreiheit) eine besondere Rolle.[9]

Weil polytheistische Religionen einen geringeren Wahrheitsanspruch als monotheistische erheben, tun sie sich mit der schwachen Toleranz, der Duldung verschiedener religiöser Überzeugungen, leichter. Das vorchristliche Rom erlaubt den besiegten Völkern, ihre eigenen Kulte auszuüben, sogar sie zu verbreiten. Doch die Christen werden von der Toleranzregel ausgeschlossen, freilich nicht aus religiösen Gründen; von ihrer Weigerung, den überlieferten Gottheiten zu opfern, befürchtet man nämlich eine Bestrafung des ganzen Gemeinwesens.

Solange die Christen verfolgt werden, appellieren sie unter Berufung auf die jedem Menschen zukommenden Rechte an die römischen Kaiser, nach innen und nach außen Glaubensfreiheit zu gewähren. Insbesondere Tertullian und Laktanz fordern Toleranz. Aber nachdem das Christentum zur Staatsreligion avanciert ist, hat es diese Forderung und ihre neutestamentlichen Grundlagen bald vergessen: schon das Prinzip der Gegenseitigkeit (Matth. 7,12; auch Tob. 4,16), mehr noch das Liebesgebot, die Bergpredigt, das Gleichnis von Unkraut unter dem Weizen (Matth. 13,24–30,36–43), überhaupt Jesu Verhalten, zu seiner Nachfolge einzuladen, aber nicht zu zwingen, ferner seine großmütige Haltung gegenüber Sündern, schließlich Paulus' Gedanken der nicht erzwingbaren Freiheit des Glaubens und seine Mahnung zum gegenseitigen Ertragen (Kol. 3,12 f.; 1. Kor. 4,12; 2. Kor. 11,1; Gal. 5,1.13).

Während das Edikt von Mailand (313) jedem freistellt zu glauben, während es ferner zwischen Staat und Religion unterscheidet und für Religionsdelikte keine irdischen oder leiblichen Strafen zuläßt, jagt das rasche Aufkommen von Schismen und Häresien den Bischöfen schon in der patristischen Zeit einen derartigen Schrecken ein, daß sie anfangen, wie im Alten Bund die Religion eng an die politischen Verhältnisse zu binden. Besonders der Übertritt zu einem fremden Kult wird mit den gleichen Strafen wie Kapitalverbrechen und wie elementare Vergehen gegen die bürgerliche Ordnung geahndet.

Freilich ist die mittelalterliche Christenheit nicht durch und durch intolerant. Da sie die Übernahme des Glaubens für eine Sache des freien Gewissens hält, ist die gewaltsame Bekehrung von Heiden eine Ausnahme; das *Decretum Gratiani* von 1150 verbietet sogar die erzwungene Taufe, was Jahrhunderte später der *Codex Juris Canonici* (1917) im Canon 1351 kodifiziert. Juden werden prinzipiell und oft auch tatsächlich toleriert; und lange Zeit leben die Christen mit den Mohammedanern unter gegenseitiger Duldung. Aber wie im Islam der Apostat, so galt in der Christenheit der Häretiker, dem Hochmut und verstockte Hartnäckigkeit vorgeworfen werden, rechtlich gleichsam als vogelfrei. Im 11. und 12. Jahrhundert breitet sich die Todesstrafe gegen ihn aus und erhält sich bis weit über die Reformation hinaus. Denn die Grundlage der mittelalterlichen Intoleranz, die allzu enge Verquikkung von *Sacerdotium* und *Imperium*, von geistlichen und weltlichen Dingen, bleibt in den protestantischen Landen erhalten, nur daß sie sich hier eher zum Vorteil des Staates als der Kirche auswirkt.

Im »konfessionellen Zeitalter« (Zeitalter der Reformation) muß die Idee der (religiösen) Toleranz neu begründet werden und setzt sich erst nach heftigen intellektuellen Auseinandersetzungen und schmerzlichen politischen Erfahrungen durch. Um der Toleranz in der Form der religiösen Neutralität des Staates, besser: der wechselseitigen Autonomie von Staat und Religion/Kirche, zum Sieg zu verhelfen, müssen zuvor einige grundlegende Einsichten (wieder-)erlangt werden. Dazu gehört der pragmatische Gedanke des »größeren Wohls«, nämlich daß in vielen Fällen Milde besser als Gewalt ist, um »verirrte Seelen« zurückzugewinnen. Dazu zählt die Einsicht, daß der Geist des Neuen Testaments in Geduld und Liebe besteht; ferner daß nicht nur die Annahme, sondern auch die Bewährung, das Beibehalten des Glaubens, ein Akt der Freiheit, auch der Gnade ist, daher nicht erzwungen werden kann; weiterhin daß die Kirche eine freie Gemeinschaft ist, deren Aufgabe im geistlichen, nicht weltlichen Bereich liegt, und daß für diese Aufgabe jeder Zwang nutzlos ist, da er höchstens zu einer vorgetäuschten, nicht zu einer wirklichen Anerkennung des Glaubens führt; schließlich wird anerkannt, daß im Fall des irrenden Gewissens nicht der Irrtum, wohl aber die menschliche Persönlichkeit Achtung verdient, weil sie trotz der Befangenheit im Irrtum ein freies und verantwortliches Wesen bleibt, das unverletzliche Rechte behält.

Mit solchen Einsichten wird die mittelalterliche Verquickung von Staat und Kirche/Religion überprüft und am Ende das Ideal einer im rechten Glauben geeinten Gesellschaft aufgehoben, der gegenüber die Andersdenkenden Ketzer sind. Aber in den von der Reformation wenig berührten Ländern wie Italien und Spanien besteht kaum ein Bedürfnis danach, in Deutschland und der Schweiz ist die territoriale Aufsplitterung, in Großbritannien, den Niederlanden und Skandinavien der überwältigende Sieg der Reformation einer Überprüfung der mittelalterlichen Einstellung nicht günstig, so daß sich hier die Elemente der Verquickung von »geistlich« und »weltlich« noch lange erhalten.

Vorbereitet wird die neue Toleranz von christlichen Humanisten wie Dante, Marsilius von Padua, Nikolaus von Kues und Sebastian Castellio, die jede Gewalt gegen religiöse Dissidenten verwerfen. Allerdings sind sie noch vom Gedanken einer religiösen Einheit der Christenheit bestimmt, suchen daher auf dem Weg von Religionsgesprächen und dogmatischen Vergleichen zwischen den rivalisierenden Konfessionen eine friedliche Versöhnung. Der mystische Spiritualismus, auch einige Sekten setzen sich dagegen direkt für die Religionsfreiheit jedes einzelnen ein und berufen sich dabei auf den Heiligen Geist, der auf religösem Gebiet jede Knechtschaft, auch die einer institutionellen Kirche, verbiete.

Während beiden Gedanken, der friedlichen Versöhnung und dem religiösen Individualismus, kein dauerhafter Erfolg beschieden ist, verschiebt sich in der zweiten Hälfte des 16. Jahrhunderts das Problem von der religiösen auf eine »säkularisierte« Ebene. An die Stelle der theologischen Argumente treten politische und naturrechtliche, gelegentlich auch wirtschaftliche Überlegungen; die erfolglosen Versöhnungsgespräche weichen Bemühungen um Duldung der konfessionell Andersgläubigen.

Ausgehend von Frankreich, wo die Bewahrung der Nation

für wichtiger als die Wiederherstellung der religiösen Einheit angesehen wird, stellt man gegen die Regel »ein Glaube, ein Gesetz, ein König« die Ziviltoleranz (bürgerliche Toleranz), die zwischen den Zwecken des Staates und denen der Religion streng unterscheidet. Mit dem Gedanken der konfessionellen, später religiösen Neutralität des Staates wird schließlich die blutige Erfahrung der konfessionellen Bürgerkriege, die auf europäischer Ebene im Patt endeten, verarbeitet und die relative Autonomie von Staat und Kirche/Religion und mit ihr der konfessionelle Pluralismus als eine Notwendigkeit des politischen, sogar physischen Überlebens anerkannt. Gleichwohl werden die zahlreichen Toleranzedikte, die auf den Augsburger Religionsfrieden (1555) und das Edikt von Nantes (1598) folgen, nur widerstrebend erlassen; Brandenburg-Preußen bildet für längere Zeit eine Ausnahme. Bei günstiger Gelegenheit werden die Edikte widerrufen, so in Frankreich (1685), oder sie gelten von vornherein nicht für alle, wie in Großbritannien, wo die Katholiken bis ins 19. Jahrhundert Bürger zweiter Klasse bleiben.

Daß sich am Ende die Religionsfreiheit doch durchsetzt und die Reste der mittelalterlichen Verknüpfung von Staat und Kirche überwunden werden, verdanken Europa und Nordamerika teilweise wirtschaftlichen Gründen; denn die Intoleranz gefährdet die freie Entfaltung von Gewerbe und Handel. Eine besondere Rolle beim schließlichen Sieg des Prinzips religiöser Toleranz spielt jedoch die europäische Aufklärung. Von der Idee der allgemeinen Menschenvernunft und Freiheit inspiriert, wenden sich Grotius und Spinoza, Milton, Locke und Voltaire, Lessing (*Nathan der Weise*), später auch Schiller (*Don Carlos*) gegen Reste an dogmatischer und politischer Intoleranz der Großkirchen und der mit ihnen verquickten Staaten und beanspruchen für die Religionsfreiheit den fundamentalen Rang eines persönlichen Freiheitsrechts. Aber selbst die Aufklärer schließen die Atheisten und Ungläubigen in der Regel von der Toleranz aus, freilich wie bei Locke nicht aus religiösen, sondern aus staatlichen Gründen; denn wer nicht an Gott glaube, könne keinen gültigen Eid leisten; Eid und Verträge bildeten aber die Bande der menschlichen Gesellschaft.

Im allgemeinen später als von der politischen Theorie und Praxis wird von den Großkirchen der fundamentale Rang der religiösen Toleranz für die menschliche Freiheit und Würde anerkannt, dann aber – wie etwa im Zweiten Vaticanum – in der göttlichen Offenbarung begründet (Erklärung über die Religionsfreiheit: *Dignitatis humanae*). Im Wissen um die kulturelle und theologische Vielfalt der geschichtlichen Anerkennung des Wortes Gottes wird heute eine Weltkirche nicht nur gegen andere Religionen und Konfessionen, sondern auch gegen unterschiedliche Traditionen und Überzeugungen in ihr selbst Toleranz üben, ohne deshalb ihre grundlegende Einheit und Wahrheit gefährden zu müssen; eine noch weitgehend monozentrische Kirche wird sich in eine gesellschaftlich und kulturell polyzentrische wandeln.[10]

Toleranz als Tugend und als Staatsprinzip

Die Religionsfreiheit ist nur ein Beispiel für die intellektuellen und politischen Schwierigkeiten, die überwunden werden müssen, damit das Prinzip Toleranz geschichtsmächtig wird. Das über die Religionsfreiheit hinausweisende Prinzip hat vor allem zwei Erscheinungsformen: die Toleranz als persönliche Haltung und als öffentliches Staats- und Zivilisationsprinzip, wobei sich beide Formen gegenseitig ergänzen und tragen.

Über die Haltung der Toleranz verfügt, wer die Selbstbestimmung (das Lebensrecht, den Entfaltungswillen und die Freiheit) der Andersdenkenden bejaht. Nun kann man von einem »anderen« erst dann sprechen, wenn jemand eigene Überzeugungen hat, und von einer Anerkennung nur dort, wo man sich nicht in der Gleichgültigkeit oder einem zynischen Nihilismus gefällt, der schlechthin alles, selbst krasses Unrecht gelten läßt. Die Toleranz meint daher nicht das Feigenblatt, hinter dem sich moralische Indifferenz und intellektuelle Schwäche verbirgt. Sie ist eine kritische Selbständigkeit, die im Zusammenleben, vor allem in Konkurrenzsituationen, gewisse Konflikte erst gar nicht aufkommen läßt und die die trotzdem notwendigen Auseinandersetzungen nicht mit der unerbittlichen Schärfe eines Glaubenskrieges führt. Wer tolerant ist, sucht nicht länger ein Leben, das auf Selbstbehauptung durch gewaltsame Bekehrung oder aber Überwindung des Gegners angelegt ist; er bemüht sich um ein Miteinander auf der Grundlage von Ebenbürtigkeit und Verständigung, wozu das Zuhörenkönnen, die Fähigkeit, auf den anderen einzugehen und ihn ernst zu nehmen, gehören, ferner die Bereitschaft, sich durch neue Situationen und neue Informationen belehren zu lassen. Vollendet wird die Toleranz in der Bereitschaft und Fähigkeit, sich in die Anschauungen und Lebensweisen des anderen einzufühlen.

Wie der Pluralismus, so gründet auch die Toleranz in der Einsicht, daß niemand schlechthin fehlerfrei ist, ferner im Wissen um den Reichtum und die perspektivistische Befangenheit jeder konkreten Selbstverwirklichung sowie in der Einsicht in die Grenzen menschlicher Erkenntnis. Vor allem aber, und dabei die anderen Motive übergreifend, entspringt die Toleranz in der Anerkennung des anderen als einer freien und ebenbürtigen Person, die aufgrund der unverletzlichen Menschenwürde das Recht hat, ihre eigenen Überzeugungen zu bilden und ihnen gemäß allein oder mit Gleichgesinnten zu leben – vorausgesetzt, daß nicht dasselbe Recht aller anderen beeinträchtigt wird.

Da sie kein Selbstzweck, sondern Bedingung und Ausdruck der Freiheit und Würde des Menschen ist, endet die Toleranz dort, wo Freiheit und Würde verletzt werden. Die Toleranz besteht nicht, wie H. Marcuse befürchtet[11], in einer Stabilisierung der gegebenen Verhältnisse, in der Erhaltung des *status quo*, und noch weniger im (masochistischen) Erdulden von Unrecht. Wo es zum Schutz der Freiheit und Menschenwürde notwendig wird, geht die Toleranz in Anklage, Kritik und Protest über. Als Kriterium für die Grenze der Toleranz kann die Forderung gelten, keinem eine Einschränkung seiner Freiheit zuzumuten, die nicht allen anderen ebenso zugemutet wird. In diesem Kriterium gleicher Freiheit, das vor allem in den Menschenrechten ausbuchstabiert wird, besteht das höchste Prinzip der Gerechtigkeit. Das Maß der Toleranz liegt also in der Freiheit und Gerechtigkeit, näherhin in den Menschenrechten.

Da die Rechtfertigung der Toleranz in der Freiheit und Gerechtigkeit liegt, kann sie nicht dem Belieben von Individuen und politischen Gewalten überlassen bleiben. Ihre Anerkennung ist nicht nur eine freie Haltung, sondern auch eine Rechtspflicht, für deren Befolgung die öffentliche Rechtsordnung, der Staat, zuständig ist. Deshalb ist es eine politische Aufgabe, Grundelemente der Toleranz wie die Menschenrechte institutionell zu garantieren. In der positivrechtlichen Achtung der Menschenrechte, in ihrer Anerkennung als Grundrechte (persönliche Freiheitsrechte, politische Mitwirkungsrechte, Sozial- und Kulturrechte) bzw. als fundamentale Staatszielbestimmungen (Freiheit, Demokratie, Sozialstaat) liegt deshalb die erste Aufgabe der Toleranz als Rechts- und Staatsprinzip.

Solange die Menschenrechte nur aus Zwang anerkannt werden, ist die Toleranz oft nicht mehr als eine verächtliche Duldung der Andersdenkenden und Anderslebenden. Um die stärkere Form der Toleranz, ein Zusammenleben aus freier Achtung, zu gewährleisten, muß die Rechtspflicht der Toleranz aus eigenem Antrieb anerkannt und durch fortgesetzte Übung zu einem Bestandteil der Persönlichkeit, eben zu einer Haltung, werden. Die Toleranz als Staatsprinzip vollendet sich erst in der freien Übernahme der Rechtspflicht als einer sittlichen Tugend der Bürger.

Auf internationaler Ebene gehört es zur Toleranz, die gegenseitige Achtung der verschiedenen Kulturen und Traditionen, statt die europäische Kultur oder den »american style of

life« zum Muster aller Zivilisationsentwicklung hochzustilisieren und alle abweichenden Formen als primitiv, barbarisch und unterentwickelt abzuwerten. Eine solche Achtung wurde in Herders, dann Hegels Theorie der »Volksgeister« begründet, wonach sich im Laufe der Geschichte verschiedene Gesellschafts- und Kulturformen herausbilden, in denen der Mensch denkt und lebt, Formen, die in sich kohärent sind und sich insoweit selbst rechtfertigen.
Man erleichtert sich die Anerkennung des Eigenwertes anderer Kulturen, wenn man nicht nur auf das Trennende, sondern auch auf Gemeinsamkeiten achtet, also auf allgemeinmenschliche Haltungen wie Hilfsbereitschaft, Zivilcourage und Ehrlichkeit, die nicht nur im christlichen Abendland, sondern in den verschiedensten Gesellschaften und Epochen als sittlich verbindlich anerkannt werden.
Auf der Ebene der Zivilisationsentwicklung muß man sich auch fragen, ob die gewaltige Industrialisierung, die im Laufe der letzten Generationen in (fast) alle überlieferten Kulturverhältnisse eingedrungen ist, sich noch mit der Toleranz vereinbaren läßt. Denn diese Entwicklung zerstört die natürliche Umwelt, dann auch persönliche, gesellschaftliche und politische Verhältnisse. Die Vernichtung überlieferter Strukturen und Lebensformen ist aber das genaue Gegenteil von dem, was sich unter toleranten Zivilisationsbedingungen zutragen würde. Die mit der Religionsfreiheit begonnene Toleranz vollendet sich erst dort, wo die bunte Fülle persönlicher und geschichtlich-gesellschaftlicher Selbstverwirklichung als Aufgabe und Chance kreativer Humanität erkannt und frei anerkannt wird.

Anmerkungen

1 Z. B. W. A. Kelso, *American Democratic Theory – Pluralism and its Critics*, Westport (Conn.) / London 1978; U. Schultz (Hrsg.), *Toleranz. Die Krise der demokratischen Tugend*, Reinbek bei Hamburg 1974.

2 W. James, *A Pluralistic Universe*, Cambridge (Mass.) 1908.
3 M. Scheler, *Die Wissensformen und die Gesellschaft* (1926), Bern ^{2}1960, S. 25 f.
4 Vgl. E. Fraenkel, *Deutschland und die westlichen Demokratien*, Stuttgart ^{7}1979; H. Oberreuter (Hrsg.), *Pluralismus. Grundlegung und Diskussion*, Opladen 1980; *La Démocratie pluraliste*, Textes réunis et présentés par J. L. Seurin, Paris 1981; s. a. Kelso (Anm. 1).
5 Vgl. M. Olson, *The Logic of Collective Action*, Cambridge (Mass.) 1965 (dt. *Die Logik des kollektiven Handelns*, Tübingen 1968).
6 Fraenkel (Anm. 4) S. 197–221.
7 Internationale Theologenkommission, *Die Einheit des Glaubens und der theologische Pluralismus*, Einsiedeln 1973.
8 Vgl. G. Püttner, *Toleranz als Verfassungsprinzip. Prolegomena zu einer rechtlichen Theorie des pluralistischen Staates*, Berlin 1977.
9 Zur Geschichte: H. Lutz (Hrsg.) *Zur Geschichte der Toleranz und Religionsfreiheit*, Darmstadt 1977; J. Leclerc, *Histoire de la tolérance au siècle de la réforme*, 2 Bde., Paris 1955 (dt. *Geschichte der Religionsfreiheit im Zeitalter der Reformation*, 2 Bde., Stuttgart 1965).
10 Siehe schon K. Rahner, *Toleranz in der Kirche*, Freiburg i. Br. 1977.
11 In: R. P. Wolff / H. Marcuse / B. Moore, *Kritik der reinen Toleranz*, Frankfurt a. M. 1966 [u. ö.]

Gibt es in der Geschichte einen Rechtsfortschritt?

Jahrhundertelang wurde der abendländische Mensch von der Hoffnung auf eine bessere Zukunft beflügelt. Vor allem in der Neuzeit, namentlich seit dem Zeitalter der Aufklärung erwartete er nicht nur in der Naturbeherrschung eine ständige Entwicklung zum Höheren. Auch in der Philosophie, Literatur und Kunst, in der Bildung, den Sitten und den politischen Verhältnissen, selbst der Religion, so glaubte er, würde ein unzulängliches Heute durch ein vollkommenes Morgen abgelöst.

Inzwischen ist dieser Optimismus verflogen. Selbst in Naturwissenschaft und Technik steht heute der Fortschritt in Zweifel und ist Stimmungen der Angst und des Pessimismus gewichen. Ein Satz wie der von Mao Tse-tung: »Die Welt schreitet fort, die Zukunft ist glänzend, niemand kann diese Tendenz der Geschichte ändern«[1] erscheint uns als eine Schwärmerei aus einer fremden Welt. Eher schon könnte uns Karl Löwiths These vom »Verhängnis des Fortschritts«[2] überzeugen, wonach der technische Fortschritt, der ursprünglich der Befreiung von Naturzwängen dienen sollte, sich verselbständigt hat und unaufhaltsam fortschreitet.[3]

Und doch: obwohl der abendländische Mensch fortschrittsmüde geworden ist, sind die Ausdrücke »fortschrittlich« und »progressiv« immer noch positiv besetzt. Daher wird unsere Fortschrittsmüdigkeit immer wieder durchbrochen, und neue Hoffnung flackert auf. Ob wir an die Gründung der Vereinten Nationen, an neue Errungenschaften der wissenschaftlich-technischen Welt, ob wir in Deutschland an die damalige Reformeuphorie unter Willi Brandt oder in Polen an die »Solidarität« denken – ohne die immer wieder neue Hoffnung auf eine Entwicklung zum Besseren, so scheint es, kommen wir nicht aus.

Aber: ist das immer wieder neue Aufflackern der Fort-

schrittshoffnung vernünftig? Gibt es überhaupt den Fortschritt? Gibt es ihn auf Dauer? Gibt es ihn heute noch?
Ich will Sie nicht mit einer Geschichte der Fortschrittsidee plagen, obwohl sich ihre verschiedenen Herkunftslinien, Ausfaltungen und Umformungen zu einem spannenden Stück neuzeitlicher Geistesgeschichte verweben.[4] Eine knappe Begriffsbestimmung tut jedoch not, um den systematischen Fragen und Überlegungen eine Grundlage und einen Maßstab zu geben.
Wörtlich ist »Fortschritt« ein neutraler Ausdruck und meint eine Ortsbewegung, die sich irgendeinem Ziel annähert. Tatsächlich wird das Wort aber meistens metaphorisch gebraucht, ist zudem eine abkürzende Redeweise und bezeichnet eine Bewegung zum Besseren hin, ein Wachsen zum Höheren, eine Entwicklung zum Vollkommeneren.
Da der Fortschritt in einer Entwicklung zum Besseren besteht, brauchen wir eine Vorstellung vom Besseren, um die Frage nach der Vernünftigkeit der Fortschrittshoffnung beantworten zu können. Das Bessere kann in verschiedener, mindestens in dreifacher Weise, gedacht werden. Dabei handelt es sich um drei Stufen, die aufeinander aufbauen und sich in ihrer Reihenfolge nicht umkehren lassen. Den drei Stufen des Besseren entsprechen drei Stufen des Fortschritts, die ebenfalls aufeinander folgen und in ihrer Abfolge festgelegt sind:
Etwas ist *technisch* besser, wenn es das angemessene Mittel ist, um ein vorgegebenes Ziel zu erreichen; und der technische Fortschritt besteht in der Zunahme des Wissens und Könnens, um beliebige Ziele und Zwecke zu verfolgen, insbesondere in der vermehrten Beherrschung von Natur-, dann auch von Sozialprozessen.
Vorausgesetzt, daß man über die erforderlichen technischen Mittel und Wege verfügt, ist etwas *pragmatisch* besser, wenn das Wissen und Können in den Dienst unseres Wohlergehens gestellt wird; und von einem pragmatischen Fortschritt kann

man dort reden, wo der technische Fortschritt in einer Zunahme des menschlichen Glücks resultiert.
Schließlich ist etwas *sittlich* besser, wenn es ohne die Einschränkung auf vorgegebene Ziele oder das eigene Glück schlechthin gut und richtig, wenn es in einem emphatischen Sinn vernünftig ist. Das trifft beispielsweise für die politische Gerechtigkeit in und zwischen den Staaten zu, so daß man dort von einem sittlichen Fortschritt sprechen kann, wo die Rechtsordnung eines Staates und die der Staatengemeinschaft gerecht gestaltet werden.
Die erste, technische Stufe des Fortschritts läßt sich kaum bestreiten. Seit dem 17. und 18. Jahrhundert führen uns die Naturwissenschaftler und Techniker brillante Entdeckungen und Erfindungen vor: sowohl geographische und mathematisch-naturwissenschaftliche Entdeckungen als auch Erfindungen neuer Beobachtungs- und Meßinstrumente, schließlich die Entwicklung bislang unbekannter Verfahren und Geräte. Und die Weiterentwicklung des wissenschaftlich-technischen Wissens und Könnens ist bis heute noch zu keinem Ende gelangt.
Aber der wissenschaftlich-technische Fortschritt wurde nicht als Selbstzweck gedacht, sondern als Mittel und Ausdruck der Beherrschung der Natur und der geistigen Emanzipation des Menschen. Diese wiederum dienten einem humanitären, einem sittlichen Ziel, der Befreiung von materieller Not, von Hunger, Armut und Krankheit sowie von politischer Not, von Unterdrückung und Ausbeutung. Und die doppelte Befreiung sollte nicht nur einigen wenigen Privilegierten, sondern allen Menschen zugute kommen.

Ein Plädoyer für Ernüchterung

Für die moderne Fortschrittsidee ist es nun charakteristisch, beim technischen Fortschritt anzusetzen und von ihm auf eine Befreiung von materieller Not, auf eine Verwirklichung menschlichen Glücks und sogar – bewußt oder unbewußt – auf einen sittlich-politischen Fortschritt zu schließen. Dank vermehrten Wissens und Könnens soll die Natur beherrschbar und mit der Herrschaft über die Natur soll die Befreiung von aller Not, mehr noch: sollen das Glück und ein humanes Leben für alle garantiert werden. Aber diese Extrapolation vom technischen zum pragmatischen und sittlichen Fortschritt ist logisch unzulässig und empirisch gefährlich; denn sie schafft Erwartungen, die sich nicht erfüllen lassen und dann rasch in Resignation umschlagen.

Gegen den Schluß von technischen zu pragmatischen und sittlichen Verbesserungen tut eine dreifache Ernüchterung not. Hinter der dreifachen Ernüchterung stehen nicht nur theoretische Einsichten, sondern auch praktisch-politische Erfahrungen, die oft aus bitteren Enttäuschungen geboren wurden.

Die *erste Ernüchterung* besteht in der Erkenntnis, daß das Glück nicht technisch machbar ist. Denn unbeschadet der Vielfalt unserer Glückserwartungen besteht das Glück, ganz formal gesprochen, in der Verwirklichung unserer eigenen Wünsche und Interessen sowie in der Aktualisierung der persönlichen Möglichkeiten und Chancen. Daher muß jeder das, was er für sein eigenes Glück hält und im Falle reiflicher Überlegung und gründlicher Lebenserfahrung auch zu Recht dafür halten mag, selbst ergreifen und selbst vollziehen. Wer sein Glück in der Freundschaft sucht, muß selbst freundschaftliche Beziehungen anknüpfen und aufrechterhalten, wer es in der Wissenschaft erwartet, muß sich persönlich auf den Forschungsprozeß einlassen und im Vollzug einen Sinn erfahren. Weil sich das Glück im Selbstvollzug ereignet, kann es durch eine auch noch so humane Naturwissenschaft und Technik nicht hergestellt werden. Indem sich die wissenschaftlich-technische Zivilisation für die Überwindung von Hunger und Armut einsetzt, räumt sie vielleicht wesentliche Hindernisse und Barrieren hinweg, ohne deshalb schon das Glück zu garantieren. Denn auch wenn wir genug zu essen

haben, überdies nicht zu den Armen zählen, sind wir nicht schon glücklich.
Die *zweite Ernüchterung* liegt in der Erfahrung, daß der wissenschaftlich-technische Fortschritt nicht einmal die Überwindung aller oder auch nur der entscheidenden Glücksbarrieren garantiert. Ganz im Gegenteil haben sich die eigentlichen, die pragmatischen Hoffnungen, die man in den wissenschaftlich-technischen Fortschritt gesetzt hat, in weniger als einem Jahrhundert in ein Szenario apokalyptischer Bedrohungen und Ängste verwandelt. Zwar verdanken wir der Ingenieurkunst Verbesserungen der Wohn- und Verkehrsmöglichkeiten, auf die Chemie und Biologie gehen gewaltig gestiegene Ernteerträge und auf den medizinisch-pharmazeutischen Fortschritt die Bekämpfung von Seuchen und Infektionskrankheiten, von Mütter- und Säuglingssterblichkeit zurück. Die gegenwärtige Skepsis soll uns also nicht blind machen gegen die pragmatischen Erfolge der Naturwissenschaften und Technik. Aber die aus dem wissenschaftlich-technischen Fortschritt entstandene Industriekultur hat uns auch physische und psychische Zivilisationskrankheiten beschert. Darüber hinaus haben die Bakteriologie und die naturwissenschaftliche Medizin dazu beigetragen, das natürliche Gleichgewicht zwischen menschlichem Leben und Tod innerhalb weniger Generationen zu zerstören und eine Bevölkerungsexplosion in Gang zu setzen, die – im Weltmaßstab gesehen – eine humane Existenz der Menschheit ernsthaft bedroht. Weiterhin hat uns die wissenschaftlich-technische Zivilisation in eine gefährliche Energie- und Umweltkrise gestürzt. Schließlich hat sie ein Wettrüsten ermöglicht, das erstmals in der Geschichte ausreichende Mittel bereitstellt, um unsere Feinde total zu vernichten – und uns selbst gleich dazu. So scheint sich der pragmatische Sinn der Naturbeherrschung, die Befreiung von materieller, dann auch geistiger Not, ins gerade Gegenteil zu verkehren. Nach Meinung vieler Zeitgenossen geht die größere Bedrohung heute nicht mehr von der Natur, sondern von den Mitteln und Folgen ihrer Beherrschung aus.

Selbst wer die Entwicklung noch etwas optimistischer sieht, kann nicht bestreiten, daß die wissenschaftlich-technische Zivilisation heute die letzte materielle Basis: die natürlichen Lebensgrundlagen und die natürliche Umwelt, des Menschen gefährdet und Massenvernichtungsmittel bereitstellt, die den Menschen weit mehr Schaden zufügen, als es die Natur je getan hat. Kurz: der wissenschaftlich-technische Fortschritt ist in pragmatischer Perspektive doppelt ambivalent. Erstens zeigt die Umweltkrise, daß das in vielen Einzelheiten zunehmende Wissen und Können keineswegs zu einer gesamthaft fortschreitenden Naturbeherrschung führt; zweitens zeigen die neuen Waffensysteme, daß die Naturbeherrschung zielneutral ist; sie kann nicht nur zu einem pragmatischen Fortschritt, nämlich zur Überwindung von Hunger, Armut und Krankheit, sondern auch zu einem pragmatischen Rückschritt führen und zur Bedrohung, vielleicht sogar Vernichtung der Menschheit eingesetzt werden.
Sogar dort, wo sich die wissenschaftlich-technischen Errungenschaften nicht wie bei Waffen bewußt gegen den Menschen richten und wo die akkumulierten Nebenfolgen der wissenschaftlich-technischen Zivilisation noch nicht wie im Falle der Umweltschäden das menschliche Wohlergehen, manchmal gar das Überleben bedrohen, sogar dort werden unsere humanitären Erwartungen enttäuscht. Die chemischen Dünge- und Futtermittel sowie die biologischen Zuchtmethoden beispielsweise haben die Erträge aus der Landwirtschaft und Viehzucht zwar gewaltig gesteigert. Aber die gestiegenen Erträge führen viel zu häufig zu Butter- und Getreidebergen, zu Milchschwemmen und Fleischhalden in den reichen Ländern statt zur Überwindung des Hungers in der Dritten Welt.
Damit ist die *dritte Ernüchterung* angesprochen: Selbst wenn dem technischen Fortschritt der ihm mögliche pragmatische Zweck, die Überwindung von Glücksbarrieren, gelingt, ist damit noch nicht die höchste Stufe des Fortschritts erreicht. Diese, die sittliche Stufe, besteht in politischer Hinsicht in

einem innerstaatlichen, dann auch einem internationalen Rechtsfortschritt, in den auch die wissenschaftlich-technische Kultur einzubinden wäre.

Mein Plädoyer für Ernüchterung im Fortschrittsglauben wäre einseitig, wenn es nur einen überschießenden Optimismus kritisierte, eine utopische Schwärmerei, die an eine ständige Verbesserung der Menschheit und ihrer Lebensverhältnisse dank wachsender Naturbeherrschung glaubt. Die utopische Schwärmerei scheitert schon an der gesellschaftlichen und geschichtlichen Wirklichkeit und führt fast zwangsläufig zur Fortschrittsmüdigkeit, ja sogar Fortschrittsfeindlichkeit. Die legitime Grundlage des Fortschrittsglaubens dagegen, die Zunahme des technischen Wissens und Könnens, verselbständigt sich und führt zu einer Verflachung der Fortschrittserwartung.

Der Abkoppelung der ersten Stufe des Fortschritts von den beiden anderen Stufen liegt zwar eine Einsicht zugrunde, nämlich das Wissen um die relative Eigenständigkeit der verschiedenen Stufen. Die Abkoppelung bedeutet aber auch, daß man schon dann von einem Fortschritt spricht, wenn die Autos, Eisenbahnen und Flugzeuge immer schneller, die Bauwerke und Ernteerträge immer größer und die technischen Steuerungselemente immer kleiner werden. So tritt an die Stelle des pragmatischen und sittlichen Fortschrittsglaubens ein Fortschrittsdenken in Begriffen von wissenschaftlich-technischen Innovationen sowie wirtschaftlichen Wachstumsraten. Innovation: das ist das Neue – unter Abkoppelung seines humanen Sinns, seiner Bedeutung für das menschliche Glück und die politische Gerechtigkeit. Ebenso sind Wachstumsraten ein Mehr – unter Abkoppelung der pragmatischen Ziele und sittlichen Zwecke. Mit einem Wort: In der Verselbständigung des technischen und ökonomischen Fortschritts degeneriert der utopische Fortschrittsglaube zur technisch-wirtschaftlichen Rationalität.

Aber die Abkoppelung der technischen Entwicklungen vom

pragmatischen und sittlichen Fortschritt ist nur begrenzt, nicht vollständig möglich. Denn ob gewollt oder ungewollt: der technisch-wirtschaftliche Fortschritt verändert unsere Lebensverhältnisse, hat daher Folgen für die Voraussetzungen menschlichen Glücks, und diese Folgen sind nicht immer positiv. Wenn wir an die Energie- und Umweltkrise, an die physischen und psychischen Zivilisationskrankheiten und an die Möglichkeit einer planetarischen Selbstvernichtung der Menschen denken, so erscheint uns der technische Fortschritt mit seinen Nebenfolgen sogar als fatal.

Wegen der beängstigenden Auswirkungen wird der wirtschaftlich-technische Fortschritt gern als Zauberlehrling angesehen, der unserer Kontrolle entgleitet und dann sein Unwesen treibt, oder als Dämon, der stets das Gute will und doch nur Böses schafft. Diese Vorstellung klingt etwa in Löwiths Rede vom »Verhängnis des Fortschritts« an. Sie ist aber ebenfalls eine Extrapolation, die logisch unzulässig und empirisch nicht unbedenklich ist. Die Ansicht, der technische Fortschritt habe eine unaufhaltsame Eigendynamik und richte sich am Ende notwendig gegen den Menschen, ist nur eine andere Variante von Schwärmerei; der positiven oder optimistischen Utopie tritt hier die negative oder pessimistische entgegen.

Fortschritt an politischer Gerechtigkeit?

Schon mit der Frage nach Rechtsverbesserungen wird die Fortschrittsidee auf eine nüchterne Grundlage gestellt. Denn dem Rechtsfortschritt geht es bestenfalls um die Befreiung von politischer Not, also die Befreiung menschlichen Zusammenlebens von Unterdrückung und Ausbeutung. Sollte diese Befreiung gelingen, so gilt dasselbe wie für die Befreiung von materieller Not: Mit der Überwindung von Unterdrückung und Ausbeutung werden mögliche Hindernisse und Barrieren für die Selbstverwirklichung beseitigt, vielleicht sogar einige Voraussetzungen für menschliches Glück bereitgestellt. Aber die Voraussetzungen sind noch nicht die Sache selbst. Der Rechtsfortschritt entscheidet nur über die limitierenden Grundbedingungen, während die Verwirklichung des menschlichen Glücks den Individuen und Gruppen selbst überlassen bleibt.

Mit der Frage nach dem Rechtsfortschritt soll ein Fortschrittsgedanke jenseits der fatalen Alternative von positiver oder negativer Schwärmerei gesucht, darüber hinaus die Verflachung der Fortschrittserwartung zur technischen Innovation und zum wirtschaftlichen Wachstum vermieden werden. Ist diese Suche erfolgreich? Gibt es tatsächlich einen Rechtsfortschritt in der Geschichte?

Veränderungen im Recht gibt es allemal. Aber bloße Veränderungen bedeuten noch keinen Fortschritt. Von einem Rechtsfortschritt kann man erst dort sprechen, wo die Veränderungen auch Verbesserungen erbringen. Dabei können die Verbesserungen wieder dreifach: technisch, pragmatisch, schließlich sittlich, verstanden werden.

Dort, wo die Rechtsentwicklung nur nach technischen, bestenfalls pragmatischen Maßstäben beurteilt wird, müssen wir von einem abgeflachten Fortschrittsverständnis sprechen. Zwar dürfen wir solche Verbesserungen nicht unterschätzen, Fortschritte in der Orientierungssicherheit, der Realisierungssicherheit oder der Funktionstüchtigkeit eines Rechtssystems. So hat beispielsweise die neuzeitliche Rechtskodifikation in Kontinentaleuropa den Territorialherrschern ermöglicht, ihre Landesteile durch ein übereinstimmendes Recht zu verbinden, und das aufstrebende Bürgertum erhielt ein verläßliches Vertrags- und Haftungsrecht, das seiner Wirtschaftsdynamik diente. Aber durch solche Fortschritte ist man der Frage nach der sittlichen Richtigkeit, der politischen Gerechtigkeit, nicht enthoben.

Nun würde man in den anderen Fehler, die utopische Schwärmerei, verfallen, wenn man glaubte, der technische und pragmatische Fortschritt führe von allein zu mehr

Gerechtigkeit. So konnte die Rechtskodifikation als solche keine Rechtsverhältnisse beseitigen, die wir heute als offensichtliches Unrecht beurteilen: die Leibeigenschaft, das Dreiklassenwahlrecht, öffentlichrechtliche Privilegien des Adels, öffentlich- und privatrechtliche Diskriminierungen der Frau und eine Wirtschaftsordnung ohne Kinderschutz, ohne Sozialversicherungen und ohne jedes Mitspracherecht der Arbeitnehmer. Andererseits können sich mit technisch-pragmatischen Entwicklungen auch Gerechtigkeitsfortschritte verbinden. So schuf die Kodifikation ein Recht, das allen bekannt und für alle gleich war, wodurch die Willkür der Landesherren zumindest ein Stück weit eingeengt wurde.

Damit der Rechtsfortschritt nicht am Ende inhuman wird, müssen technische Rechtsverbesserungen an pragmatischen und diese an sittlichen Fortschritten ausgerichtet werden. Da die Sittlichkeit im Recht politische Gerechtigkeit heißt, kommt es beim Rechtsfortschritt letztlich auf Verbesserungen im Sinne der Gerechtigkeit an. Wann aber kann man von gerechteren Rechtsverhältnissen sprechen?

Um diese Frage begründet zu beantworten, braucht es einen Maßstab. Damit wir nicht zu weit in eine allgemeine Gerechtigkeitstheorie abweichen, will ich diesen Maßstab nicht im einzelnen, sondern nur in groben Umrissen entwickeln.[5]

Das Recht regelt vor allem das Zusammenleben von handlungsfreien Personen, d. h. Wesen, die sich nach eigenem Gutdünken Zwecke setzen und die ihnen dafür als angemessen erscheinenden Mittel ergreifen können. Nun kann man bei den Mitteln in Konflikt geraten, beispielsweise weil zwei Personen sich derselben Sache bedienen wollen. Je nach Bedeutung der Sache und Hartnäckigkeit der Personen können sich die Konflikte bis zum Kampf auf Leben und Tod verschärfen. Es ist die Aufgabe des Rechts, die gegenseitige Bedrohung menschlicher Handlungsfreiheit aufzuheben, und die Aufgabe der politischen Gerechtigkeit, sie nach Maßgabe der Idee der Sittlichkeit aufzuheben.

Als Maßstab der Sittlichkeit behaupte ich im Anschluß an

Kant das Prinzip der strengen Verallgemeinerung.[6] Danach ist eine Rechtsordnung dann gerecht, wenn sie die gegenseitige Bedrohung so aufhebt, daß die Handlungsfreiheit weder nur für die (körperlich, wirtschaftlich, intellektuell usw.) Mächtigen noch bloß vorübergehend, nämlich unter Voraussetzung einer Gleichgewichtskonstellation der Macht aller Betroffenen, garantiert wird. Eine streng allgemeine Aufhebung der wechselseitigen Freiheitsbedrohung geschieht dort, wo die Handlungsfreiheit eines jeden so weit eingeschränkt wird, wie es notwendig ist, um dieselbe Handlungsfreiheit jedes anderen zu sichern; sie geschieht dort, wo die Einschränkung und die gleichzeitige Sicherung der Handlungsfreiheit streng allgemeinen Grundsätzen folgt. Das Prinzip der politischen Gerechtigkeit heißt daher: gleiche Einschränkung und Sicherung der Freiheit.

Rechtsgrundsätze sind dann im strengen Sinn allgemein gültig, wenn sie unabhängig von Geschlecht und Hautfarbe, von Abstammung, Rasse, Sprache, religiöser oder politischer Anschauung, auch von wirtschaftlicher und sozialer Stellung gelten. Die in solchen Grundsätzen bezeichneten Ansprüche kommen dem Menschen als Menschen zu. Sie heißen deshalb auch Menschenrechte: angeborene, natürliche, unveräußerliche und unverletzliche Rechte jedes Menschen als Menschen. Daher sind es die Menschenrechte, an denen sich eine Rechtsentwicklung als ein sittlicher Fortschritt oder aber Rückschritt erweist; ein nüchterner, gleichwohl nicht abgeflachter Begriff von Rechtsfortschritt besteht in der Beförderung der Menschenrechte: der persönlichen Freiheitsrechte, der politischen Mitwirkungsrechte und der Sozial- und Kulturrechte.

Nimmt man die Menschenrechte zum Maßstab der Rechtsentwicklung, so können wir die Titelfrage rasch und mit einem klaren Ja beantworten, denn wir finden in der Geschichte tatsächlich einen Fortschritt in bezug auf die Menschenrechte. Allerdings, so scheint es, ist diese Fortschrittsgeschichte eine Kurzgeschichte, hat doch die Geschichte der Menschenrechte spät angefangen und bald danach aufgehört. Sie hat spät angefangen, weil wir keine Menschenrechtserklärungen vor der zweiten Hälfte des 18. Jahrhunderts finden, nämlich vor der Virginia Bill of Rights (1776) und der Menschen- und Bürgerrechtserklärung der Französischen Revolution (1789); somit sinkt der größte Teil der Weltgeschichte zur Vorgeschichte herab. Zum anderen hat die Fortschrittsgeschichte früh aufgehört, weil die Menschenrechte nach den ersten Erklärungen binnen weniger Generationen von fast allen Staaten anerkannt wurden, nach dem Zweiten Weltkrieg auch von den Vereinten Nationen, so daß die Geschichte der Menschenrechte heute schon im wesentlichen abgeschlossen ist. Beide Seiten, der späte Anfang und das frühe Ende, machen aus dem Rechtsfortschritt eine kleine Episode in der Jahrtausende und Jahrhunderttausende alten Weltgeschichte. Folglich ist die erste und rasche Antwort auf die Titelfrage zu korrigieren. An die Stelle eines »klaren Ja« tritt ein »Ja, aber«: es gibt in der Geschichte wirklich einen Rechtsfortschritt, aber dieser trifft nur für den kleinsten Teil der Geschichte zu.

Eine nähere Untersuchung macht es jedoch nötig, das Aber wiederum zu korrigieren. Liest man die Rechtsgeschichte als eine Geschichte der Menschenrechte, so beginnt sie weit vor dem 18. Jahrhundert und ist keineswegs heute schon abgeschlossen.

Gegen eine tendenzielle Selbstüberschätzung der Moderne müssen wir anerkennen, daß die Grundidee der Menschenrechte sehr viel älter ist. Ihre geistgeschichtlichen Wurzeln reichen bis zur klassischen Philosophie der Griechen, der Stoa und zu den religiösen Vorstellungen des Juden- und Christentums zurück. Im Anschluß an einen berühmten Gedanken Hegels[7] könnte man die Weltgeschichte sogar als eine langsame, aber fortschreitende Verwirklichung der umfassenden Idee der Menschenrechte, insbesondere der Freiheits- und der Mitwirkungsrechte, verstehen. Diese Geschichte würde mit den orientalischen Großreichen begin-

nen, in denen bloß einer, der Despot, frei war. Da der griechische Stadtstaat, die Gemeinschaft von Freien und Gleichen, die Institution der Sklaverei kannte, waren hier nur einige frei, also war die Idee von Rechten des Menschen als Menschen noch nicht anerkannt. Im Hellenismus, in der Stoa wird der Gedanke der Gleichheit aller Menschen geboren. Nach der jüdisch-christlichen Religion ist ebenfalls jeder (hier: vor Gott) gleich und frei, womit der Mensch »der Idee nach« frei ist. Aber zunächst, im mittelalterlichen Feudalsystem, stehen den freien Herren noch Leibeigene und Hörige gegenüber. Erst in der Amerikanischen und Französischen Revolution werden die Menschenrechte als Rechtsprinzip anerkannt, dem sich die anderen Staaten rasch anschließen.
Nach dieser zweiten, Hegelschen Antwort ist die Menschenrechtsgeschichte keine Kurzgeschichte, sondern ein Roman, ein Entwicklungsroman ständigen Fortschritts, der freilich schon seit einigen Generationen »im Prinzip« abgeschlossen ist. Stimmt dieser lineare Entwicklungsroman?
Zu den Menschenrechten gehören an erster Stelle die persönlichen Freiheitsrechte mit ihrem Schutz von Leib und Leben, von Eigentum und der Ehre einer Person. Dieser Schutz wird vom Strafrecht übernommen, das die entsprechenden Delikte seit seinen Anfängen kennt. Wer den Rechtsfortschritt an der Anerkennung der Menschenrechte mißt, der darf den Fortschritt nicht erst mit der Neuzeit, auch nicht mit der Zeit des Hellenismus oder des Christentums beginnen lassen. Er muß ihn weit früher ansetzen, in der »grauen Vorzeit«, als die Menschen erste Ansätze von Recht schufen und dabei neben dem Vertragsrecht, vielleicht sogar vor ihm ein Strafrecht einführten, das die Verletzung von Leib und Leben, von Eigentum und persönlicher Ehre mit Sanktionen belegte. Gegenüber einem Zustand der Rechtlosigkeit und einem atavistischen Racheinstinkt der Nachbarschaft und Gesellschaft stellt die Schaffung einer Rechtsordnung mit ihrem Schutz elementarer Rechtsgüter den entscheidenden Rechtsfortschritt dar, vor dem alle anderen Fortschritte in ihrer Bedeutung verblassen.

Trotzdem könnte man im Bereich des Strafrechts in zweierlei Hinsicht von einem dann freilich sekundären Rechtsfortschritt sprechen. Der erste Fortschritt besteht in einer Ausweitung der Sphäre persönlicher und gruppenmäßiger Freiheit. Während früher beispielsweise Hexen und Ketzer erst gefoltert, dann verbrannt wurden, ist heute die Ketzerei kein Rechtsbegriff mehr; aufgrund der Glaubens- und Gewissensfreiheit werden religiöse, dann auch gesellschaftliche, politische und andere Minderheiten, sogar Einzelgänger nicht mehr bestraft. Dort aber – so der zweite Fortschritt –, wo noch Strafen verhängt werden wie bei Körper-, Ehr- und Eigentumsverletzungen, weil durch sie die legitime Freiheit der Mitmenschen beeinträchtigt wird, sind Art, Ausmaß und Vollzug der Strafen humanisiert worden. Folter und Leibesstrafen, in vielen Ländern auch die Todesstrafe, hat man ganz abgeschafft. An deren Stelle trat zunächst das Zucht-Haus, das im wörtlichen Sinn des Wortes der Erziehung der Sträflinge dienen sollte. Später fiel der Unterschied von Gefängnis und Zuchthaus hinweg. Heute werden viele Delikte nur noch mit Geld-, nicht mehr mit Freiheitsstrafen belegt und viele Freiheitsstrafen in Form eines offenen oder halboffenen Strafvollzugs »abgebüßt«.

In welche Richtung weist dieser doppelte Fortschritt? Manche Strafrechtler glauben, daß die Entwicklung in Richtung einer völligen Abschaffung der staatlichen Kriminalstrafe weise; denn erstens würden (fast) alle Strafbestände abgeschafft und zweitens die verbleibenden Straftatbestände nicht mit Strafen, sondern mit Erziehungs- und Heilmaßnahmen beantwortet. Aber diese Ansicht eines (Straf-)Rechtsfortschrittes ist naive Schwärmerei. Sie geht am Wesen des Rechts vorbei, nämlich die Handlungsfreiheit zurechnungsfähiger Personen einzuschränken, um durch die Einschränkung den gleichen Freiheitsraum aller zu sichern. Abgewehrt wird beispielsweise ein Recht auf Tötung, womit Leib und Leben, ein Recht auf Diebstahl, womit das Eigentum geschützt wird. Folglich kann der Strafrechtsfortschritt nicht in der Abschaffung, wohl in der Humanisierung, und zwar einer doppelten Humanisierung, liegen. Erstens wird nur noch das bestraft, was von der politischen Gerechtigkeit her, verstanden als gleicher Einschränkung und Sicherung der Freiheit, notwendig ist. Bestraft wird also nicht mehr die Ketzerei, nicht mehr der Versuch zum Selbstmord, nicht mehr der Streik oder das Demonstrieren. Zweitens wird nur insoweit und auf die Weise bestraft, wie es vom Gerechtigkeitsbegriff vertretbar ist. Deshalb werden keine Leibesstrafen mehr verhängt, wird die Todesstrafe abgeschafft und die Bestrafung durch die Idee der Wiedereingliederung in die Gesellschaft ergänzt.

Angenommen, die zweifache Humanisierung sei schon im wesentlichen abgeschlossen. Dann stellt sich immer noch ein Problem, das zugleich die Grenze jeden (Straf-)Rechtsfortschritts anzeigt: Zwar tritt das Strafrecht an die Stelle eines Racheinstinkts. Trotzdem kann die staatliche Kriminalstrafe nicht verhindern, daß Straffällige über ihre Rechtsstrafe hinaus eine »soziale Zusatzstrafe« erhalten, indem sie etwa von Nachbarn und Arbeitskollegen geächtet werden. Die »soziale Zusatzstrafe« trifft sogar Unschuldige, nämlich nicht nur den Straffälligen selbst, sondern oft genug auch seinen Ehepartner und seine Kinder.

Die Hinweise zur Strafrechtsgeschichte korrigieren die lineare Fortschrittsgeschichte à la Hegel nach hinten, indem sie den Anfang weit zurück verlegen. Andere Beobachtungen korrigieren die Fortschrittsgeschichte nach vorn und stellen die Behauptung eines prinzipiellen Abschlusses in Frage.

Von Einzelheiten abgesehen, ist die Menschenrechtsgeschichte mindestens in zweierlei Hinsicht noch nicht mit jener Anerkennung beendet, die sich in der Amerikanischen und Französischen Revolution oder im Anschluß an sie vollzog. Die Anerkennung erstreckte sich nämlich im wesentlichen auf die persönlichen Freiheitsrechte und die politischen Mitwirkungsrechte. Eine politische Gemeinschaft, die es mit diesen Rechten ernst meint, muß sich aber auch um solche generell gültigen empirischen Bedingungen wirtschaftlicher, sozialer, kultureller und politischer Art kümmern, ohne die man die Freiheits- und Mitwirkungsrechte überhaupt nicht oder nur zum geringen Teil und sehr erschwert realisieren kann. Deshalb trägt eine politische Gemeinschaft auch für die Rahmenbedingungen Mitverantwortung, unter denen Arbeitsverhältnisse bestimmt oder unter denen Einkommen, Bildung und soziale Stellung erworben werden. Folglich ist die Weiterentwicklung der rechtsstaatlichen Demokratie zum Sozialstaat als ein Fortschritt in der Anerkennung der Menschenrechte zu betrachten. Allerdings bedeutet nur der freiheitsfunktionale Sozialstaat, nicht aber der Versorgungsstaat einen Fortschritt in bezug auf die Menschenrechte.[8]

Während der Rechtsfortschritt bis zum Sozialstaat heute im wesentlichen abgeschlossen ist, werden die Verhältnisse zwischen den Staaten auch nach der weltweiten Anerkennung der Menschenrechte noch immer weit weniger von politischer Gerechtigkeit als von nackter Macht bestimmt. Ein deutlicher Beweis waren die Kolonien; heute sind es die Satellitenstaaten, mit denen das Selbstbestimmungsrecht der Völker eklatant mißachtet wird. Auch die nicht abreißende Welle von Kriegen zeigt, wie die Staaten untereinander sich immer noch weniger vom Recht als von der Macht leiten lassen. Zwar gibt es auch im internationalen Bereich gewisse Rechtsfortschritte. Ich brauche nur an die Aufhebung der Kolonien, an die Gründung der Vereinten Nationen und internationale Verträge zur Humanisierung des Krieges hinzuweisen. Aber andererseits bestehen die Satellitenstaaten fort, verhält sich auch die andere Weltmacht nicht wie ein Gleicher unter Gleichberechtigten und haben sich durch die Atomwaffen und die Interkontinentalraketen Kriegsmöglichkeiten aufgetan, die alle bisherigen Formen, auch die Versuche ihrer Humanisierung in den Schatten stellen.

Ferner kann man auch in innerstaatlicher Sicht noch lange nicht von einer vollen Anerkennung der Menschenrechte sprechen. In viel zu vielen Staaten der Welt finden wir massive Verletzungen der Grundrechte, willkürliche Verhaftungen und Folter, darüber hinaus Terroranschläge, Entführungen und Erpressungen.

Schließlich ist der Gedanke einer im wesentlichen linearen Fortschrittsgeschichte nicht nur vom Anfang und vom Ende, sondern auch von der Mitte her zu kritisieren. Denn die abendländische Rechts- und Verfassungsentwicklung liest sich keineswegs als eine zunehmende Anerkennung der Menschenrechte. Im Gegenteil bietet sie sich oft genug als Geschichte empfindlicher Regressionen dar. Ich gebe nur wenige Beispiele: In der germanischen Volks- und Gerichtsversammlung, dem Ding oder Thing, waren alle waffenfähigen freien Männer gleichberechtigt. Im Laufe des Mittelalters wurde die Bedeutung dieses direkt-demokratischen Staats- und Rechtsorgans abgeschwächt und endlich durch den obrigkeitlichen Territorialstaat verdrängt. Ähnlich wird die Geschichte Roms mindestens teilweise als Niedergang republikanischer Elemente zugunsten eines zentralen Kaisertums geschrieben. Ebenso ist die Geschichte der Leibeigenschaft und Erbuntertänigkeit der Bauern nicht nur eine Geschichte der Zunahme, sondern auch eine des Verlustes an Freiheit; gerade die Neuzeit zeichnet sich nicht nur durch die Abschaffung, sondern zuerst einmal durch die Verschärfung von Abhängigkeitsverhältnissen der Bauern aus. Neuzeitlich ist auch die Sklaverei in den Vereinigten Staaten, die selbst nach deren Menschenrechtserklärungen noch viele Generationen weiterbestand. Auch für die Mitglieder der mittelalterlichen und frühneuzeitlichen Zünfte gilt es, daß sie mehr Rechte als die Arbeiter in den frühkapitalistischen Großbetrieben hatten. Und außer solchen Beispielen für Rechtsrückschritte dürfen wir jene Rückfälle in Barbarei nicht übersehen, wie sie sich unter der Herrschaft von Hitler und Stalin, von den Roten Khmer und auch Khomeini ereigneten.

Wir können die fragmentarischen Hinweise zur Rechtsgeschichte abbrechen und eine kleine Bilanz ziehen: Schon mit der Frage nach dem Rechtsfortschritt wurde einer utopischen Fortschrittsschwärmerei Nüchternheit entgegengestellt. Denn selbst wenn sich in der Geschichte ein Rechtsfortschritt finden lassen sollte, dann bedeutet er keinen globalen Fortschritt, insbesondere keinen Fortschritt an Glück und noch weniger an Machbarkeit des Glücks. Dem Recht geht es nämlich bloß um limitierende Grundbedingungen des Glücks; ein gerechteres Recht bringt allenfalls indirekt einen Glücksgewinn; es verbessert die Glückschancen, aber nicht das Glück selbst.

Eine weitere Ernüchterung haben die skizzenhaften Einblicke in die Rechtsgeschichte erbracht. Zwar finden wir Fortschritte in der Rechts- und Verfassungsentwicklung, sogar Fortschritte an politischer Gerechtigkeit, namentlich Fortschritte in der Verwirklichung der Menschenrechte. Aber im Gegensatz zu einer linearen Fortschrittsgeschichte hat sich kein steter Fortgang zum Besseren gezeigt. Freilich sind wir auch nicht auf einen ständigen Verfall ins Ärgere gestoßen, der schließlich – frei nach Spengler – zum Untergang der abendländischen Rechtskultur führen würde. Die Rechtsgeschichte gibt weder dem Optimismus (»positive Schwärmerei«) recht, der an eine ständige Verbesserung, noch dem Pessimismus (»negative Schwärmerei«), der an eine stete Verschlechterung glaubt. Eher sehen wir ein Auf und Ab, nämlich Entwicklungen zum Besseren mit empfindlichen Rückschritten, erneuten Verbesserungen und wieder Rückfällen in Barbarei. Welche Antwort müssen wir dann auf die Titelfrage geben? Ein vorsichtiges Ja mit erheblichen Einschränkungen? Ein Nein? Oder gibt es eher eine Art Wellenbewegung mit Höhen und Tiefen, wobei wir uns derzeit auf einem beachtlichen Hoch bewegen?

Die Rechtsgeschichte als intersubjektives Freiheitsgeschehen

Die drei Möglichkeiten: die Vorstellung eines ständigen Fortschritts, die eines steten Verfalls und die eines dauernden Auf und Ab, haben eine gemeinsame Voraussetzung. Sie nehmen an, daß wir Kräften unterworfen sind, die uns in eine bestimmte Richtung treiben: zum Besseren, zum Schlechteren oder zum Auf und Ab. Gewiß, es wird nicht geleugnet, daß es die Menschen selbst sind, die sich Gesetze und Verfassungen geben, weshalb die Rechtsentwicklung nicht von der Art des Wetterwechsels ist, der sich extrahumanen Kräften verdankt. Die Rechtsentwicklung wird von den Menschen selbst getragen; diese sind nicht nur Objekt, sondern auch Subjekt eines möglichen Rechtsfortschritts. Andererseits unterstellen die drei Möglichkeiten (des Fortschritts, des Verfalls und des Auf und Ab), daß die Rechtsentwicklung nicht von Plänen und Entscheidungen konkreter Menschen abhängt. Denn diese wären nicht vorhersehbar, so daß über einen möglichen Rechtsfortschritt überhaupt keine Aussagen gemacht werden könnten. Es wird vielmehr angenommen, daß der Rechtsfortschritt von den Menschen selbst getragen wird, sich aber »hinter ihrem Rücken« vollzieht bzw. einem »verborgenen Plan« folgt. Der Mensch habe nämlich eine bestimmte Natur, und diese »besorge« die Rechtsentwicklung, ihren Fortschritt, ihren Verfall oder aber ihr Auf und Ab.

Nach pessimistischen Philosophen wie Hobbes liegt der Urtrieb allen menschlichen Handelns im Egoismus, nach optimistischen Philosophen wie Locke in der Geselligkeit. Es war Kant, der beide Seiten für richtig, nur ihre jeweilige Verabsolutierung für falsch hielt. Er schrieb der menschlichen Natur einen Widerstreit (Antagonismus) zwischen Geselligkeit und Ungeselligkeit, nämlich eine »ungesellige Geselligkeit«, zu. Danach haben die Menschen den Hang, in Gesellschaft miteinander zu treten, um etwa durch Arbeitsteilung ihre Anlagen besser zu entwickeln. Zugleich drängt es sie aber, alles nach ihren eigenen Wünschen, also gegen die widerstreitenden Interessen der Mitmenschen, einzurichten.[9]

Der Grundzug der ungeselligen Geselligkeit soll nun nach Kant der Motor sein, der uns quasi-naturgesetzlich in die gerechten Rechtsverhältnisse, letztlich in das gerechte Zusammenleben von gerechten Staaten, in eine weltweite Friedensgemeinschaft, hineintreibe. Näherhin sieht Kant zwei Antriebskräfte am Werk, negativ die Not aus den beständigen Kriegen und positiv den Handelsgeist, der mit dem Krieg nicht vereinbar sei. Können wir uns auf diese beiden Kräfte verlassen, daher den Rechtsfortschritt mit Sicherheit erwarten?

Die Gründung des Völkerbundes nach dem Ersten und die der Vereinten Nationen nach dem Zweiten Weltkrieg mag von der Erfahrung der Not aus den Kriegen inspiriert sein. Aber schon der zweifache Versuch, eine weltweite Friedensgemeinschaft zu gründen, dann der Unterschied von Idee und Wirklichkeit der Vereinten Nationen weisen auf die Grenzen der Antriebskräfte hin: Das Gedächtnis der Menschheit ist kurz; die Erfahrung der Not kann allzuleicht verdrängt werden, muß daher von jeder Generation, auch jeder Rechtsgemeinschaft neu gemacht werden. Eine zeitliche Koinzidenz der Erfahrung bei allen Völkern und eine Beständigkeit der Erinnerung an diese Erfahrung ist aber unwahrscheinlich. Zudem kann der Krieg, zumal bei anderen, wirtschaftlichen, dann auch politischen oder ideologischen Gewinn abwerfen. Schließlich hat Kant zwar recht zu fordern, zum Zweck der weltweiten Friedensgemeinschaft müsse man erst die Kriege vermenschlichen, sie dann seltener werden lassen und endlich den Angriffskrieg ganz abschaffen. Ob man aber auf eine vollständige Abschaffung je rechnen kann, ist angesichts der in der menschlichen Natur verbleibenden »Ungeselligkeit« fragwürdig. Obwohl heute ein direkter Krieg zwischen den Weltmächten vielleicht so gut wie alles menschliche Leben zerstören würde, ist diese abschreckende Aussicht kein hinreichender Beweggrund, um die Abrüstungsgespräche zu einem glücklichen Ende zu bringen.

Auch Kant glaubte nicht an eine Garantie, die es erlaube, die Zukunft des »ewigen Friedens« vorherzusagen. Trotzdem gab er sich optimistisch. Er berief sich auf ein Grundinteresse des Menschen an der Einrichtung gerechter Rechtsverhältnisse und sah das Grundinteresse durch ein zeitgeschichtliches Ereignis bewiesen, durch die Begeisterung der Weltöffentlichkeit für die Französische Revolution, obwohl die Begeisterung keineswegs gefahrlos sei.

Heute könnten wir auf die Menschenrechte hinweisen, die zu einem wesentlichen Bestandteil des zeitgenössischen Weltgewissens und zu einem gemeinsamen Nenner geworden sind, der die Menschen höchst verschiedener politischer und religiöser Überzeugungen vereint: zum Protest gegen die Verfolgung, Entrechtung und Bekämpfung von rassischen und religiösen, von sprachlichen und kulturellen Minderheiten, zum Protest gegen das Abstempeln unliebsamer Bürger und Gruppen als staatsfeindlich, zum Protest dagegen, daß politische Kritiker gefoltert, eingekerkert und hingerichtet werden. Und der vielfache Einsatz für die Menschenrechte geschieht häufig unter großen persönlichen Opfern und Gefahren.

Der heutige Kampf für die Menschenrechte zeigt ebenso wie die frühere Begeisterung für die Französische Revolution und diese selbst, daß es nicht eine Quasi-Naturgesetzlichkeit, die ungesellige Geselligkeit, ist, die den Rechtsfortschritt garantiert. Die Menschenrechte müssen als Zweck politischen Handelns anerkannt werden. Eine solche Anerkennung mag vielerlei Anlässe und Ursachen haben; sie kommt aber nicht von allein, sondern muß frei vollzogen werden. So verdankt sich der Einsatz für mehr Gerechtigkeit letztlich der freien Anerkennung, der freien Sinnstiftung von Menschen.

Die Initiative für mehr Gerechtigkeit kann von einzelnen ausgehen. Die konkrete Verwirklichung kann jedoch nicht von ihnen allein besorgt werden. Die Initiative muß andere erfassen, sich in Organisationen und Institutionen eine dauerhafte Gestalt geben; sie muß auf weite Bevölkerungskreise übergreifen, um schließlich den Gesetz- und Verfassungsgeber zu Veränderungen zu bewegen. So ist der Einsatz für mehr Gerechtigkeit nicht nur ein Freiheitsgeschehen, sondern auch ein Kommunikationsgeschehen, und der Rechtsfortschritt kann nicht länger in Begriffen einer Quasi-Naturgesetzlichkeit, er muß als intersubjektives Freiheitsgeschehen verstanden werden.

Die freie Anerkennung der politischen Gerechtigkeit als gemeinsamer Zweck der Bürger eines Staates und der Staaten untereinander geschieht nicht einmal für immer. Sie muß immer wieder neu übernommen und vollzogen werden. Der Zweck kann aber auch wieder aufgegeben, verspielt oder pervertiert werden. Deshalb gibt es für den Rechtsfortschritt als intersubjektives Freiheitsgeschehen keine Wahrscheinlichkeiten und keine Prognosenmöglichkeiten. Der Rechtsfortschritt ist keine theoretische Kategorie, kein empirisches Prädikat.

Allerdings lassen sich die Idee der politischen Gerechtigkeit und ihre Spezifizierung zu den Menschenrechten als Vernunftprinzipien menschlichen Zusammenlebens rechtfertigen. Daher sind sie den Rechtsgemeinschaften als Grundsätze zuzumuten; die Anerkennung der Gerechtigkeit als eines leitenden Rechts- und Staatsprinzips ist eine unbedingte Forderung. Wird die Forderung anerkannt, so wird Rechtsfortschritt möglich, wird sie dagegen verweigert, kommt es zum Rechtsverfall.

Die grundsätzliche Anerkennung der Idee der politischen Gerechtigkeit und der Menschenrechte als ihre mittleren Prinzipien schafft noch keine konkret gerechten Rechts- und Staatsverhältnisse. Die Anerkennung muß sich noch in den unterschiedlichen Lebensbereichen und ihren wechselnden empirischen Randbedingungen konkretisieren. Die Konkretisierungsaufgabe habe ich einmal als »Strategien politischer Gerechtigkeit« bezeichnet.[10] Ihnen kommt es zu, die Prinzipien der politischen Gerechtigkeit, namentlich die Menschenrechte, mit den Funktionsanforderungen hochkomplexer Industriegesellschaften und ihrer jeweiligen wirtschaftlichen, gesellschaftlichen und kulturellen Situation zu vermitteln.

Das Gelingen der Strategien politischer Gerechtigkeit hängt nur zum kleinen Teil von der grundsätzlichen Anerkennung der Menschenrechte ab, kann daher bestenfalls partiell in Begriffen von Rechtsfortschritt gedacht werden. Ebenso unabdingbar sind Kenntnisse über die allgemeinen Sachgesetzlichkeiten des in Frage stehenden Lebensbereichs, etwa der Wirtschaftswelt oder der natürlichen Umwelt, ferner Kenntnisse über die spezifischen Randbedingungen, schließlich ein hohes Maß an kreativer Phantasie, um aus den Sachgesetzlichkeiten und den Randbedingungen im Lichte der Gerechtigkeitsprinzipien Lösungen der anstehenden Probleme zu finden.

Sollten die Strategien politischer Gerechtigkeit nicht zum gewünschten Erfolg führen, dann kann das Mißlingen nicht einfach, wozu Moralisten neigen, dem mangelnden guten Willen, dem mangelnden Einsatz für politische Gerechtigkeit, angelastet werden. Worin gerechte Rechtsverhältnisse angesichts der zeitgenössischen Energie- und Umweltschutzprobleme liegen, worin angesichts der Nachrüstungsproblematik, worin in bezug auf Ehe und eheähnliche Gemeinschaften, in bezug auf die neuen biomedizinischen Möglichkeiten – das muß bereichsspezifisch aus der sittlich-politischen Beurteilung der menschenrechtlichen Anforderungen gewonnen werden.

Erschwert wird die Konkretisierungsaufgabe dadurch, daß in der Regel verschiedene Gerechtigkeitsprinzipien in Frage stehen, deren Anforderungen nicht in dieselbe Richtung weisen. So werden im Sozialstaat einerseits die persönlichen Freiheitsrechte und die politischen Mitwirkungsrechte ernst genommen, indem man sich um jene generell gültigen empirischen Bedingungen kümmert, ohne die man die Rechte gar nicht oder nur erschwert verwirklichen kann. Andererseits spielt der Sozialstaat der Verwaltung neue Kompetenzen zu, so daß ein Teil der dem absolutistischen Staat mühsam abgerungenen Freiheit an ebenden Staat wieder zurückfällt.

Auch dieser Hinweis zeigt, daß die heute aktuellen Rechtsprobleme kaum noch durch die Idee eines Rechtsfortschritts angemessen beschrieben werden können. Allenfalls die Tierschutz- und die Umweltschutzgesetzgebung könnte man noch in Begriffen eines Rechtsfortschritts zu interpretieren suchen und sagen, die bisherige Rechtsentwicklung sei einseitig und vom Menschen her konzipiert; im Tierschutz und Umweltschutz werde nun dieser Anthropozentrismus durchbrochen; nicht nur den Menschen, auch den Tieren, selbst der nichtanimalischen, vielleicht sogar der unbelebten Natur würden Eigenrechte zugebilligt, deren Verletzung strafwürdig sei. Aber davon abgesehen, daß für eine überzeugende Tierschutzethik erst einige Ansätze existieren,[11] ist dieser Fortschritt nur aufgrund eines vorangehenden Rückschritts notwendig geworden, nämlich aufgrund einer schier maßlosen »Ausbeutung« der Natur, die in den letzten Generationen vorgenommen wurde, unseren Vorfahren aber so gut wie unbekannt war.

Da sich höchstens einige der Rechtsprobleme unserer modernen Industriegesellschaften noch in Begriffen eines Rechtsfortschritts verstehen lassen, können wir vom Fortschrittsdenken Abschied nehmen. Ein solcher Abschied geschieht nicht im Namen eines Pessimismus des Rückschritts und des Verhängnisses. Es wäre eher ein Abschied von der Alternative »Fortschritt oder Rückschritt«. Wäre dieser Abschied für die Gerechtigkeit unserer Rechts- und Staatsverhältnisse kontraproduktiv?

Wenn der Einsatz für die Menschenrechte ein intersubjektives Freiheitsgeschehen ist, dann müssen wir immer wieder neu die Anerkennung dieses Leitprinzips vollziehen und in »Strategien politischer Gerechtigkeit« bewähren. Ob die stete Anerkennung und Bewährung einen Fortschritt beinhaltet, das braucht uns nicht zu bekümmern. Unsere Aufgabe liegt in der Gegenwart. In ihr stellen wir unsere sittlich-politische Verantwortung unter Beweis; und weder die Erwartung einer besseren noch die einer schlechteren Zukunft kann uns von dieser Verantwortung entlasten.

Anmerkungen

1 *Das Rote Buch. Worte des Vorsitzenden Mao Tse-tung*, hrsg. von T. Grimm, Frankfurt a. M. / Hamburg 1967, S. 46.

2 So der Titel seines Beitrages in: H. Kuhn / F. Wiedmann (Hrsg.), *Die Philosophie und die Frage nach dem Fortschritt*, München 1964, S. 15–29.

3 Ebd. S. 28.

4 Vgl. die Artikel »Fortschritt«, a) von J. Ritter in: *Historisches Wörterbuch der Philosophie*, hrsg. von J. R. [u. a.] Bd. 2, Basel/Stuttgart 1972, Sp. 1032–1059, sowie b) von R. Koselleck und C. Meier in: *Geschichtliche Grundbegriffe. Historisches Lexikon zur politisch-sozialen Sprache in Deutschland*, hrsg. von O. Brunner, W. Conze und R. Koselleck, Bde. 2, Stuttgart 1975, S. 351–423; dort auch ausführliche Literaturangaben.

5 Zur näheren Begründung vgl. O. Höffe, *Politische Gerechtigkeit*, Frankfurt a. M. 1987.

6 Zur Begründung der politischen Gerechtigkeit mit einem »leichten ethischen Gepäck« vgl. »Den Staat braucht selbst ...« (in vorl. Ausg. S. 56 ff.).

7 G. W. F. Hegel, *Die Vernunft in der Geschichte*, hrsg. von J. Hoffmeister, Hamburg ^{5}1955, S. 62 f.

8 Vgl. »Minimalstaat oder Sozialrechte ...« (in vorl. Ausg. S. 79 ff.).

9 Kants wichtigste Schriften zur Geschichtsphilosophie sind: *Idee zu einer allgemeinen Geschichte in weltbürgerlicher Absicht* (1784), *Mutmaßlicher Anfang der Menschengeschichte* (1786), *Zum ewigen Frieden* (1795) und *Der Streit der Fakultäten* (1798), dessen zweiter Abschnitt den »Streit der philosophischen und juristischen Fakultät untersucht, nämlich die Frage: »Ob das menschliche Geschlecht im beständigen Fortschreiten zum Besseren sei«.

10 In: O. Höffe, *Ethik und Politik*, Frankfurt a. M. ^{3}1987, Kap. 15.

11 Ein diesbezüglicher Versuch des Verfasssers: »Der wissenschaftliche Tierversuch: eine bioethische Fallstudie; Anhang: Der wissenschaftliche Tierversuch im Spiegel neuerer Rechtsentwicklung«, in: E. Ströker (Hrsg.), *Ethik der Wissenschaften?*, Paderborn/München 1984, S. 117–150.

Anhang

Konservativ oder progressiv – wider eine zu einfache Alternative

Die mir vorgelegte Frage »Gibt es eine konservative Restauration in der Gesellschaft?« klingt rein rhetorisch. Denn seit Mitte der siebziger Jahre scheint es genügend Belege dafür zu geben, daß unsere Gesellschaften eine konservative Restauration durchmachen. Der Progressive beklagt die veränderten Zeitläufte; mehr wehleidig oder eher zornig betrachtet er die neuen Verkrustungen – und zugleich den Verlust seines Terrains. Der Konservative dagegen ist erleichtert, daß in die Gesellschaft endlich Ruhe einkehrt, daß in den öffentlichen Medien auch andere Intellektuelle zu Wort kommen, daß in der Gesellschaftspolitik wieder die Einsicht über die Illusionen und die Sachzwänge über die realitätsblinden Utopien herrschen. Denn: »Bevor man die Welt verändert, wäre es vielleicht wichtiger, sie nicht zugrunde zu richten« (Paul Claudel).

Obwohl sich also eine positive Beantwortung der Ausgangsfrage aufdrängt, besteht eine Schwierigkeit. Die Frage wurde einem Philosophen vorgelegt, und Philosophen sind gelegentlich etwas querköpfig. Wenn die Situation als verworren gilt, behaupten sie gern, es sei doch alles viel einfacher; erscheint die Lage aber als klar und eindeutig, dann setzen sie dahinter ein Fragezeichen. Hinter die Behauptung einer konservativen Restauration möchte ich drei Fragezeichen setzen. *Erstens* bezweifle ich, daß es überhaupt so etwas wie eine konservative Restauration geben kann; *zweitens*, daß die gesellschaftliche Situation so einfach ist, wie es der erste Eindruck nahelegt; *drittens*, daß der Begriff des Konservativen und seine Anwendung auf gesellschaftliche Verhältnisse wirklich so unproblematisch sind, wie es uns häufig erscheint.

Konservative Restauration?

»Restauration« heißt wörtlich Wiederherstellung und meint im Bereich des Politischen die Wiedereinsetzung eines vertriebenen Herrschergeschlechts, zunächst der Bourbonen nach der Absetzung Napoleons. Eng damit verbunden war der Kampf gegen die Neuerungen der Französischen Revolution. Betrieben wurde die Restauration unter der Führung von Metternich, der die bestehende Staatenordnung in Europa erhalten und revolutionäre, selbst liberale Bewegungen zu unterdrücken suchte.

Nun spricht die Ausgangsfrage nicht nur von einer Restauration, sondern setzt ein »konservativ« hinzu. Wenn es eine konservative Restauration geben soll, dann müßte es auch eine nichtkonservative, eine progressive Restauration geben können. Das ist aber rein begrifflich unmöglich. Als progressiv gilt nämlich, wer seinen Blick auf die Zukunft richtet und von ihr ›die Sonne und die Freiheit‹, das Glück und die Gerechtigkeit erwartet. Zwar will auch die Restauration eine bessere, humanere Gesellschaft. Jedoch sucht sie diese nicht in der Zukunft, vielmehr in der »guten alten Zeit«. Die Restauration vertraut auf das Altbewährte, kann sich daher rein semantisch mit dem Zusatz des Progressiven nicht vertragen, und es bleibt lediglich die Möglichkeit einer konservativen Restauration. Aber auch gegen sie erheben sich semantische Bedenken.

Wer modern, offen und dem Neuen aufgeschlossen sein will, für den klingen »konservativ« und »Restauration« negativ, und durch die Zusammenstellung wird die Abwertung noch verstärkt. Eine solche allein rhetorisch begründete Titelfrage ist philosophisch unbefriedigend. Außerdem heißt »konservativ«, wer die bestehende Ordnung wertmäßig bejaht und daher zu erhalten strebt. Konservativ ist, wer das, was bislang gegolten hat, für richtig hält und deshalb auch für morgen bewahren will. Die Restauration stellt aber eine Situation wieder her, die schon nicht mehr besteht. Im historischen

Paradigma gesprochen, will die Metternichsche Restauration weder Napoleon noch die Französische Revolution bewahren; sie setzt auf ein politisches System, das schon eine Generation vorher abgeschafft worden ist; sie will wieder das *Ancien régime* der Bourbonen einrichten. Damit trifft sich der Restaurative mit dem Revolutionären. Beide bekämpfen das Bestehende, der eine im Namen von morgen, der andere im Namen von gestern. Der Konservative dagegen verteidigt die Gegenwart. Wer auch in der politischen Diskussion eine begriffliche Klarheit sucht, muß daher von den beiden Begriffen »konservativ« und »Restauration« einen Begriff streichen. Da die Restauration als Wiederherstellung des Gestern negativer klingt, verzichte ich auf diesen Ausdruck und frage, ob es einen neuen Konservatismus in der Gesellschaft gibt.

Die These von einem neuen Konservatismus lebt von einer nicht-konservativen Vergangenheit; sie setzt voraus, daß die Gesellschaft vorher anders, daß sie progressiv, zumindest reformerisch war. Nun herrschten in der öffentlichen Diskussion der späten sechziger und frühen siebziger Jahre in der Tat eine Gesellschafts- und Autoritätskritik vor, die ihrerseits eine Fülle von gesellschaftlichen Veränderungen inspirierte. Ob wir uns an die Schul- und Hochschulpolitik erinnern, etwa an die Gründung von Gesamtschulen und Gesamthochschulen im Namen der Chancengleichheit, an die Einführung des Sozialkundeunterrichts oder die Abschaffung der Ordinarien (Lehrstuhlinhaber), ob wir an die Reform des Strafrechts oder an die Ostverträge denken: unter Stichworten wie »mehr Demokratie wagen« oder »eine neue Gesellschaft schaffen« wurden in der sozialliberalen Koalition unter dem Bundeskanzler Willy Brandt der Stil und der Inhalt deutscher Politik nachhaltig verändert.

Den intellektuellen Hintergrund der Gesellschaftskritik und der von ihr inspirierten Politik bildete die kritische Theorie der Frankfurter Schule. In der kritischen Theorie wurde die Tradition der europäischen Aufklärung des 18. und 19. Jahrhunderts, wurden die Ideale der Französischen Revolution aufgegriffen und in den Dienst von Emanzipation gestellt: sei es der individuellen Emanzipation im Sinn der Psychoanalyse Freuds, sei es der wirtschaftlichen und gesellschaftlichen Emanzipation im Sinn von Marx' Kritik der politischen Ökonomie.

Andere Elemente der Autoritäts- und Gesellschaftskritik der sechziger Jahre stammten von Johan Galtung und seiner These der strukturellen Gewalt, wieder andere Elemente aus der Bewegung der antiautoritären Erziehung von A. S. Neill und seiner Reformschule Summerhill. Die Grundlage der antiautoritären Erziehung bildete ein anthropologisch-pädagogischer Optimismus, verbunden mit einem psychoanalytischen Entwicklungsmodell, auf deren Grundlage Neill der Dynamik des kindlichen Trieblebens gerecht werden, Verdrängungen vermeiden und so dem Heranwachsenden zum individuellen Glück verhelfen wollte. Nur durch die äußerste Zurückhaltung des Erziehers könne das Ziel, die Selbstverwirklichung der guten Menschennatur, erreicht werden. Antiautoritär war auch die Kinderladen-Bewegung, die sich dem utopischen Sozialismus und Karl Marx verpflichtet fühlte und wie Neill psychoanalytische Kategorien einbezog. Während sich aber Neill ausdrücklich apolitisch verstand, stellte sich die Kinderladen-Bewegung in den Zusammenhang eines systemüberwindenden Klassenkampfes.

Nur in Parenthese: Hier stoßen wir auf ein weiteres begriffliches Problem: Ist die kritische Theorie eigentlich progressiv oder nicht eher restaurativ? Da sie das gesellschaftliche Heil aus der besseren Zukunft erwartet, muß sie als progressiv bewertet werden. Andererseits erscheint sie auch wieder als restaurativ, weil sie die Maßstäbe des Besseren weitgehend dem 18. und 19. Jahrhundert entnimmt. Da sie aber nicht einfach die vergangenen Ideale propagiert, sondern sie den gewandelten wirtschaftlichen und gesellschaftlichen Bedingungen anpaßt, enthält sie zweifelsohne eine schöpferische

Komponente. Ist die kritische Theorie daher »schöpferisch-restaurativ«?
Nach dieser Zwischenfrage nehmen wir unseren Argumentationsfaden wieder auf. Ein erster Beleg für den neuen Konservatismus: In der zweiten Hälfte der siebziger Jahre nahm das Interesse an der »großen Theorie« und ihrer pathetischen intellektuellen Gebärde ab, und der Ruf nach mehr Praxis wurde laut. Die Abneigung gegen Theorie ist traditionellerweise ein Zeichen von Konservatismus. Ihr großer Klassiker, Edmund Burke, hat nie eine Staatsphilosophie oder eine Gesellschaftstheorie geschrieben, was freilich weder seine oratorische Brillanz noch seine rhetorischen Erfolge geschmälert hat.
Für die These eines neuen Konservatismus spricht auch die vielfältige Wiederentdeckung der Geschichte. Die Museen werden nicht mehr von kritischen Relevanzfragen, sondern von Publikumsmassen bedrängt. Ihr Besuch hat schon Ausmaße angenommen, die die Erfüllung anderer Funktionen, etwa die historische Forschung, schwierig machen und den Erhaltungszustand empfindlicher Ausstellungsstücke buchstäblich unter dem Dunst und Andrang der Menge gefährden. Auch die Größe und die Zahl der Museen wächst ständig. Ihre historischen Ausstellungen sind zu Publikumsattraktionen ersten Ranges geworden. Außerdem werden allerorten kulturelle Denkmäler restauriert: nicht nur Kirchen und Schlösser, auch Bürger- und Bauernhäuser, alte Mühlen und Brücken, zum Teil ganze Dörfer oder Straßenzüge. Nicht zuletzt macht sich beim Lesepublikum ein starkes historisches Interesse breit. Nicht nur finden die oft überdimensionierten Ausstellungskataloge einen reißenden Absatz. Auch Popularhistorien dringen bis in die Bestsellerlisten vor. Angesichts dieser Neuzuwendung zur Geschichte und Kunstgeschichte wundert es nicht, daß die Geschichtswissenschaften, deren Zukunft in den sechziger und siebziger Jahren stark in Frage gestellt wurde, eine neue kulturelle, sogar politische Bedeutung erfahren.

Da die Zuwendung zur Vergangenheit ein wesentliches Element des Konservativen ist, steuert die Wiederentdeckung der Geschichte und kulturellen Tradition ein weiteres Mosaiksteinchen zum Bild eines neuen Konservatismus bei. Allerdings liefert das Phänomen keinen eindeutigen Beitrag. Denn der »Neu-Historismus« unserer Zeit entpuppt sich bei näherer Betrachtung als Ersatz für eine ansonsten geschichtsarme und traditionsleere Gesellschaft. Dann aber fügt sich die Wiederentdeckung der Geschichte weniger in das Bild eines homogenen Neu-Konservatismus ein. Sie beweist viel eher den Erfolg eines geschichtslosen Progressismus, einen Erfolg freilich, dessen die Gesellschaft nicht ganz froh geworden ist. Nicht um die Vergangenheit wieder ins Recht zu setzen, sondern aus Trauer und Melancholie über verlorene Zeiten wendet sich die Gesellschaft – am Feierabend, am Wochenende und im Urlaub – nostalgisch ihrer längst entschwundenen Herkunft zu.

Eine klarere Wende ins Konservative hat die öffentliche Diskussion genommen. Während in Zeiten der Reformeuphorie konservative Intellektuelle wenig Publikum fanden und höchstens belächelt wurden, können sie sich heute vor der Überfülle an Einladungen zu Vorträgen und Veröffentlichungen kaum noch retten. Nach der mehr untergründigen Wirkung von Carl Schmitt, Hans Freyer und Arnold Gehlen schon in den fünfziger Jahren begann es mit der sogenannten Tendenzwende, die von konservativen Intellektuellen wie Helmut Schelsky, Thomas Nipperdey und Golo Mann, wie Hermann Lübbe, Robert Spaemann, Nikolaus Lobkowicz, auch Gerd-Klaus Kaltenbrunner, Alexander Schwan und Kurt Sontheimer inspiriert, proklamiert und realisiert worden ist. »Man trägt wieder konservativ«, schrieb *Die Zeit* (19. März 1974) auf der Titelseite, und wenige Tage darauf verkündete Norbert Hinske in der *Welt*: »Progressiv ist nicht mehr chic«.

Folgenreich an dieser Entwicklung ist, daß überhaupt bedeutende Wissenschaftler und Intellektuelle in das konservative

Lager eingezogen sind; galt es doch lange Zeit als selbstverständlich, daß Intellektuelle von Natur oder Beruf progressiv sind. Zur Tendenzwende gehören der »Bund Freiheit der Wissenschaft« (gegr. 1970) und der Kongreß »Mut zur Erziehung« (1978), auf dem freilich in einer Verarmung des Konservatismus weniger »Grundwerte« wie Gerechtigkeit, Besonnenheit und Tapferkeit ihre Rehabilitierung erfahren sollten als bürgerlich-instrumentale Tugenden wie Ordnungsliebe, Sparsamkeit und Fleiß. Ein Forum der konservativen Intellektualität war auch der Kongreß »Geisteswissenschaft als Aufgabe. Kulturpolitische Perspektiven und Aspekte« (1978), der den in Legitimationsbedrängnis geratenen Sprach- und Literaturwissenschaften, den Geschichtswissenschaften, auch der Theologie, den Rechts- und Politikwissenschaften ein neues Selbstverständnis vermitteln wollte. Wir finden Publikationen wie die Schriftenreihe »Junge Kritik«, mit der sich ab 1970 eine »Junge Rechte« vorstellte, ferner die beiden von G.-K. Kaltenbrunner herausgegebenen Sammelbände *Rekonstruktion des Konservatismus* (1972) und *Konservatismus International* (1973), auch die Reihe »Texte + Thesen« (Edition Interfrom), in der sich konservative Intellektuelle ein neues Forum geschaffen haben. Weiterhin schlossen sich amerikanische und europäische Künstler, Schriftsteller, Gelehrte, Publizisten und Gewerkschaftler in jenem »Komitee für die freie Welt« (gegr. 1980) zusammen, in dessen Direktorium wir so illustre Namen wie Raymond Aron und Saul Bellow, Golo Mann und Leszek Kolakowski finden. Konservative Implikationen hat auch das öffentliche Interesse an der Verhaltensforschung (Ethologie), hält sie doch die menschliche Aggression nicht für rein gesellschaftlich, sondern schon biologisch bedingt, womit die »progressiven Träume« von der Möglichkeit einer endgültig gewaltfreien Gesellschaft »zerplatzen«.

So sehr diese Phänomene für eine neue konservative Intellektualität sprechen, darf man sich deren Einschätzung und Beurteilung jedoch nicht zu leicht machen. Der »Mut zur

Erziehung« hat ebenso wie die anderen Elemente der Tendenzwende scharfe Kritik gefunden; das Symposium »Geisteswissenschaft als Aufgabe« hat keine mehr als innerakademische Bedeutung erlangt; ebensowenig konnte das »Komitee für die freie Welt« eine größere Resonanz verbuchen. Außerdem darf man nicht übersehen, daß die Progressiven in der öffentlichen Diskussion lange Zeit privilegiert waren. Daß sie später einen intellektuellen Widerpart erhalten, darüber dürften sie nicht klagen; denn dem Verlust von Privilegien nachzutrauern, ist eher ein Zeichen von Konservatismus.
Die Tatsache, daß die konservativen Intellektuellen erst in der Abwehr und Kritik fortschrittlicher und radikaler Bewegungen ihre Sprache und Argumente finden, ist übrigens eine allgemeine Erscheinung. Da Konservative der herrschenden Ordnung positiv gegenüberstehen und den Sinn (bloß) theoretischer Überlegungen zu Gesellschaft, Staat und Kultur bezweifeln, finden sie sich nur in der Ablehnung progressiver Entwicklungen zu grundsätzlichen Stellungnahmen bereit – ein Grund für die häufige Sprachlosigkeit und Argumentationsschwäche der Konservativen.
Schließlich darf man bei einer Beurteilung der gegenwärtigen Gesellschaft nicht aus dem Auge verlieren, daß viele Errungenschaften der progressiven Phase geblieben sind. Weder ist der hohe Prozentsatz von Jugendlichen zurückgegangen, die das Abitur ablegen und studieren, noch sind die Gesamtschulen und die Gesamthochschulen aufgelöst worden. Auch die Reformen des Ehe- und Familienrechts, des Strafrechts und des Strafvollzugs sind kaum zurückgenommen worden; und die Ostverträge blieben unangetastet.

An dieser Stelle drängt sich wieder eine begriffliche Überlegung auf: Ist es eigentlich konservativ, wenn man progressive Errungenschaften im Bildungsbereich oder Rechtswesen bejaht und deshalb beibehält? Konservativ ist ein Kunstwort, das gegen Ende des 18. Jahrhunderts gebildet wird. Durch die

Wochenschrift *Le conservateur*, die im Jahr 1818 der Schriftsteller und spätere Außenminister Chateaubriand gründet, findet das Wort rasch große Resonanz. Als »konservativ« gilt hier nicht irgendein Ethos des Bewahrens, sondern die Erhaltung der »gesunden Lehre« des katholischen Glaubens. Von Chateaubriands neuer Zeitschrift wandert der Ausdruck durch ganz Europa, dringt in die verschiedenen Sprachen ein und wird in ihnen ab etwa 1830 heimisch. Seitdem heißt konservativ, wer die bestehende Ordnung – nicht notwendigerweise eine katholische Gesellschaft – wertmäßig befürwortet und sie daher zu erhalten sucht.

Ist in diesem formaleren Sinn der Reformer konservativ, der sich für etwas Neues eingesetzt hat und dann, wenn sich das Neue auch durchsetzt, bei dem Neuen bleibt? Ist also der Reformer, einmal zum Zuge gekommen, notwendigerweise konservativ – sofern er seine Reformen nur ernst und nicht als Spielerei einer *ästhetischen* Politik gemeint hat? Auf eine Reformphase folgt mit einer gewissen Notwendigkeit eine konservativere Phase. Auf Dauer nichtkonservativ ist nur derjenige, dem in seinen Plänen kein Erfolg beschieden ist und der deshalb nichts zu erhalten hat. Jedenfalls ist der Demokrat in einer Demokratie ebenso konservativ wie der Sozialist im Sozialismus, der Agrarier in einer Agrargesellschaft, der Monarchist vor der Französischen Revolution und der Republikaner nach ihr. »Konservativ« ist ein Verhältnisbegriff; nicht die Bejahung bestimmter Werte ist konservativ, sondern die Bejahung der jeweils herrschenden Werte und ihrer Ordnung.

Dabei stoßen wir auf ein weiteres Problem mit der Frage, was an einer bestehenden Ordnung erhalten werden soll. Die Bundesrepublik Deutschand ist nach dem Grundgesetz ein demokratischer und sozialer Rechts- und Verfassungsstaat. Diese Staatszielbestimmung ist ein normatives Leitprinzip, nach dem die politische Ordnung eingerichtet sein soll. Nun muß die Wirklichkeit der Bundesrepublik nicht vollständig ihren verfassungsmäßigen Prinzipien entsprechen. Wer ist

dann aber konservativ: derjenige, der die Wirklichkeit ganz so erhalten will, wie er sie vorfindet, oder derjenige, der die Wirklichkeit so gestalten will, wie er es von der bestehenden Verfassung gefordert sieht?
Es tut hier not, *verschiedene Formen von Konservatismus* zu unterscheiden, insbesondere einen beweglichen Reformkonservatismus von einem unbeweglichen Traditionalismus. Der *Traditionalist* bejaht die bestehende Ordnung, gleich um welche Ordnung es sich handelt. Er hat Angst vor Neuerungen, hält das Bestehende für grundsätzlich besser und erachtet es daher als seine Pflicht, gegen alle Veränderungen die Tradition als haltende Macht durchzusetzen. Traditionalisten wollen das Bestehende in seiner geschichtlichen Erscheinung und damit in seiner Oberfläche und gerade nicht seinen Prinzipien erhalten. Sie berufen sich auf den organischen Charakter und das naturhafte Wachstum aller gesellschaftlichen Gebilde. Ihr Dilemma besteht darin, daß sich die wirtschaftlichen, kulturellen, außenpolitischen und anderen Bedingungen ständig verändern, so daß der Traditionalist, der trotz veränderter Bedingungen an denselben Lebensformen festhält, einen *Oberflächen-Konservatismus* vertritt, und dieser verrät die Prinzipien, die den Lebensformen ursprünglich zugrunde lagen. Daher weiß ein *aufgeklärter Konservatismus*, daß er, um trotz veränderter Lebensbedingungen die Prinzipien zu bewahren, reformerisch tätig werden muß. Der aufgeklärte Konservatismus ist zugleich der bewegliche, er ist der Reformkonservatismus.
Der *Reformkonservatismus* bejaht nicht alles Bestehende, sondern allein jene Ordnung, die er aufgrund von Erfahrungen, kulturellen Vergleichen und empirisch-philosophischen Überlegungen für richtig hält. Während der unbewegliche Traditionalist sich dem jeweils Herrschenden anpaßt, hat der Anhänger eines Reformkonservatismus seine festen Prinzipien, die er unter wechselnden Randbedingungen durchsetzt. Er tritt nicht in sozialistischen Staaten für Sozialismus und in den westlichen für freie demokratische Ordnungen ein, son-

dern folgt bestimmten Prinzipien von Humanität, Gerechtigkeit und Freiheit. Dort, wo er diese Prinzipien im wesentlichen verwirklicht sieht, tritt er für die bestehende Ordnung ein, während er dort, wo die Prinzipien mißachtet werden, eine Veränderung der gesellschaftlich-politischen Ordnung fordert.

So ist der Reformkonservative zu einer erstaunlich radikalen Kritik bestehender Verhältnisse fähig. Dies hat schon Burke bewiesen, als er »die unerträgliche Sklaverei« in den Minen und Bergwerken seiner Zeit anprangerte, als er jede Art von Korruption bekämpfte, für die Unabhängigkeit amerikanischer Kolonien und für die Rechte irischer Katholiken eintrat. Der Reformkonservative sucht zuallererst Verhältnisse, deren Bewahrung überhaupt sinnvoll ist; denn es gibt nichts Widerwärtigeres als einen Konservatismus, der nichts mehr zu bewahren hat als sich selbst. Ein anderes Ziel, als bewahrens- und lebenswerte Verhältnisse zu schaffen, hat der aufgeklärte Progressist aber auch nicht, so daß einmal mehr die Denkschablone »konservativ contra progressiv« versagt.

So modisch es sein mag, grundsätzlich progressiv oder konservativ zu sein, so sehr man damit Stimmen und Beifall gewinnen und mit der Unterstellung der Gegenposition seinen Gegner diskriminieren kann, muß beiden, einem wehleidig gewordenen Progressismus ebenso wie einem selbstgefälligen Konservatismus dies entgegengehalten werden: Es kommt nicht darauf an, ob man sich progressiv oder konservativ gebärdet, wohl aber, daß man Prinzipien einer humanen und gerechten Rechts- und Staatsordnung aufgreift und mittels Erfahrung und Sachverstand die Gesellschaftsverhältnisse den Prinzipien gemäß einrichtet.

Neue Stichworte und Frontenwechsel

Wieso kommt es, daß die progressive Grundströmung unserer Gesellschaften einen ernstzunehmenden Widerpart gefunden hat? Ein erster Grund liegt im erwähnten Erwachen einer konservativen Intellektualität. Ein weiterer Grund liegt in der Lebenserfahrung, die jemand mit oder aufgrund von Reformen und Entwicklungen gemacht hat. Denn wer nicht grundsätzlich progressiv ist, sondern aus gewissen Prinzipien der Humanität und Gerechtigkeit heraus, der wird die »progressiven Errungenschaften« nach diesen Prinzipien beurteilen und sich gelegentlich zu einer Distanznahme gezwungen sehen. Ich denke etwa an die »Erinnerung eines Dreißigjährigen«, die im Jahr 1979 unter dem Titel *Der schöne Vogel Phönix* erschienen sind. J. Schimmang erzählt hier von Murnau, der im Jahr der Studentenrevolution 20 Jahre alt war: von den Hoffnungen, die damit verbunden waren, aber auch vom Altern und Schwinden dieser Hoffnung; deshalb der Titel. Als Sinnbild des sich verjüngenden Lebens symbolisiert der Phönix Hoffnungen, die oft genug zu schön sind, um auch lebensgerecht zu sein. Das Buch zeichnet die Autobiographie eines Jugendlichen, der in Ostfriesland aufwächst, nach dem Abitur in Berlin studiert und dort die Spätphase der antiautoritären Bewegung erlebt, auch erleidet: Murnau gerät in eine kommunistische Gruppe, leistet hier Kaderarbeit, bricht mit der Gruppe und findet Schwierigkeiten beim Übergang ins Berufsleben. Am Ende wird Murnau zwar nicht Bankbeamter mit Krawatte, einer lieben Ehefrau und dem Häuschen im Grünen. Doch ist er aufgrund eigener Erfahrungen von einem schwärmerischen Hoffen befreit.

Einen weiteren Grund für ein neues soziales Klima kann man in generelleren Sacherfahrungen erblicken. Ich möchte keineswegs in den Chor jener Besserwisser einstimmen, die die Schul- und Hochschulreform für gescheitert halten. Trotzdem muß man sich fragen, ob das eigentliche Ziel, eine gerechtere und freiere Gesellschaft, tatsächlich erreicht ist, ob also die Schulen wirklich humaner geworden sind, ob sie mehr Chancen zur Selbstverwirklichung lassen und ihre Sachaufgabe nicht vergessen, sprachliche, formale, auch soziale Kompetenzen auszubilden.

Hier sind einige Fragezeichen erlaubt. Man muß die vielfältigen Klagen der Hochschullehrer ernst nehmen, daß sie jetzt weit mehr mit Verwaltungs- und Selbstverwaltungsaufgaben als mit ihren eigentlichen Funktionen, der akademischen Lehre und Forschung, beschäftigt sind. Der Sieger nach allen Auseinandersetzungen um die Universitätsreform heißt jedenfalls: staatliche Bürokratie. Man muß auch zur Kenntnis nehmen, daß das Reformabitur nicht von allen Nachbarländern als uneingeschränkter Hochschulzugang anerkannt wird. Selbst unter Reformvertretern ist der Ertrag der finanziell, personell und sozial so überaus aufwendigen Schul- und Hochschulreform keineswegs eindeutig positiv. Schließlich darf man nicht übersehen: das Anwachsen der psychosomatischen Erkrankungen schon von Schülern, die Zunahme der Selbstmordrate, die Jugendunruhen, die in den späten siebziger Jahren selbst so festgefügte Gemeinwesen wie die Schweiz und Großbritannien erfaßt haben und neuerdings da und dort wieder aufflackern. Alarmzeichen weisen darauf hin, daß jener Streit zwischen den Progressiven, die sich für Emanzipation einsetzen, und den Konservativen, die wieder instrumentale Tugenden propagieren, am Hauptproblem der Sache ein wenig vorbeigeht.

Um es als pädagogischer Laie zu formulieren: Kinder brauchen *vor* allem anderen Selbstvertrauen und Weltvertrauen, seelische Stabilität und zugleich Sensibilität, das sind Einstellungen und Haltungen, die sich der Zuwendung und dem Ernstnehmen, der Achtung, der Sorge und Fürsorge, der Liebe, dem Sichanlehnenkönnen und der Wärme verdanken und die man im frühkindlichen Leben erfährt oder aber vermissen muß. Diese »wahren Bedürfnisse« der Heranwachsenden kommen im pädagogischen Progressismus-Konservatismusstreit zu kurz. Auch wenn wir aus Orientierungsgründen das politische Welttheater, das uns zu kompliziert geworden ist, gern in eine gute und eine schlechte Hälfte einteilen, sollten wir uns doch von diesen Orientierungskrücken freimachen. Statt uns mit den pseudosakralen

Begriffen des Progressiven und des Konservativen eilfertig in Rechtgläubige und Ketzer einzuteilen, sollten wir wieder lernen, unsere Sachprobleme wahrzunehmen und zu lösen.

Eine Beurteilung der Gesellschaftstendenzen darf bei den Themen der Reformzeit und ihrer Gegenbewegung nicht stehenbleiben. Denn in letzter Zeit haben sich Stichworte in den Mittelpunkt gedrängt, die weder in die Reformeuphorie noch in die Tendenzwende passen und diesen Gegensatz als überholt erscheinen lassen. Die neuen Probleme beginnen in der Wirtschaft mit der bleibend hohen Arbeitslosigkeit; sie setzen sich in einem empfindlichen Mangel an erschwinglichen Wohnungen fort und gipfeln in den Energie- und Umweltproblemen. Zugleich macht sich eine neue Stimmung im Westen breit, eine Stimmung, die zugleich uralt ist, die *Angst*. Sie drängt in die Kulturkritik ein und in die öffentliche Rede und ist angesichts der Überbevölkerung, der Energiekrise, der Umweltprobleme ganz und gar verständlich. Schimmang-Murnau: »Ich brauche sehr lang, um einzuschlafen. Die Angst, meine treue Begleiterin, liegt neben mir, sie mag mich nicht verlassen. Ich werde weiter gegen sie Schach spielen und versuchen müssen, die Partie remis zu halten.«
Für die letzten Jahre neu und spezifisch ist die wachsende gesellschaftliche und politische Bedeutung der sogenannten Alternativen sowie der Bürgerinitiativen. Je auf ihre Weise legen sie den Finger auf eine Wunde unseres gesellschaftlichen und politischen Systems: Für viele Gruppen und Probleme fehlen angemessene Protestwege; es mangelt an Möglichkeiten, sich zu artikulieren, Forderungen anzumelden und ihnen das nötige Gewicht zu verleihen. Zugleich erfüllt sich in den Bürgerinitiativen ein Stück der progressiven Hoffnungen der sechziger Jahre; die basisdemokratische Utopie von damals ist kein Nirgendwo mehr, sie hat einen realen Lebensort gefunden, allerdings noch keine machtvolle Existenz. Warum wir Deutsche soviel Angst vor mehr direkter Demokratie haben, warum die (von CDU- und SPD-Län-

dern gleichermaßen obrigkeitsstaatlich erzwungenen) Gebietsreformen, warum die Errichtung von Atomkraftwerken, der Bau von Großflughäfen nicht – je nach Sache – bundesweit, landesweit oder aber regional vom Volk behandelt werden sollten, bleibt einem »akademischen Gastarbeiter« in der Schweiz zunehmend unverständlich. Die unglücklichen Erfahrungen von Weimar sind längst nicht mehr ein überzeugendes Argument.
Die Alternativenszene von heute hat zwar keine gemeinsame Doktrin und keine führenden Gurus. Aber wir stoßen auf so viele Gruppen mit einer so zahlreichen Teilnehmerschaft, daß wir schon von einer Gegenkultur sprechen können, auf Gruppen, die über das Neue nicht bloß reden, sondern es verwirklichen, Gruppen, die in sich sehr vielfältig sind und in der Ausbildung neuer Lebensformen höchst erfinderisch. Eine Beurteilung der neuen Themen stößt auf dieselbe ambivalente Diagnose wie eine Beurteilung der »traditionellen« Themen. Während der Vorrang von Wirtschafts- und Finanzproblemen mehr dem Konservatismus zugerechnet werden mag, steckt in der Alternativenszene ein antikonservatives Potential. Wir haben also wieder gegenläufige Tendenzen, zugleich Phänomene, die wie die neue Angst sich weder dem Konservatismus noch dem Progressismus zuschlagen lassen.

Die Bürgerinitiativen weisen auf eine eigenartige Verschiebung der Kategorien des Konservativen und des Progressiven hin. *Verfahrensmäßig* gesehen, als Kampf für mehr Demokratie und Partizipation, gehören die Bürgerinitiativen ins Lager der Progressiven. Aber die Progressivität des Verfahrens verbindet sich nicht immer mit einer Progressivität der Gegenstände. Nimmt man als Beispiel den Widerstand gegen die Atomkraftwerke und greift aus dem vielschichtigen Problem nur eine Seite heraus, so handelt es sich um eine neue wissenschaftliche Technologie, die erbittert abgelehnt wird. Hier liegt ein konservatives Phänomen vor, so daß sich eine verfahrensmäßige Progressivität mit einem inhaltlichen Konservatismus verbindet. Zur Beurteilung unserer gegenwärtigen Gesellschaftslage gehören also nicht nur die Gegenläufigkeit und das Nichteinordnenkönnen von Tendenzen, sondern auch die Gleichzeitigkeit von konservativ und progressiv bei ein und demselben Phänomen.

In der ersten Hälfte des 19. Jahrhunderts gab es in Mitteleuropa den Widerstand der Großgrundbesitzer gegen die industrielle Entwicklung, verbunden mit einem Kampf gegen die ökonomische und politische Liberalisierung. Damals gab es also auf der wirtschaftlichen, technischen und politischen Ebene einen relativ einheitlichen Konservatismus. Diese Homogenität ist nicht mehr gegeben. Heute kommt gerade von seiten der politisch Progressiven der Widerstand gegen neue Technologien, so gegen Mikroprozessoren im Namen humaner Arbeitsbedingungen und der Vollbeschäftigung, so gegen Kernkraftwerke oder die Gentechnologie im Namen des Lebens- und Umweltschutzes. Während die Aufklärung des 17. bis 19. Jahrhunderts aus dem Fortschritt der Wissenschaft, der Wirtschaft und der Technik sowie über die Verbesserung des Bildungsniveaus und der wirtschaftlichen Lebensbedingungen einen Zuwachs an Demokratie, Gerechtigkeit und Humanität erwartete, verbindet sich heute der politische Progressismus mit einer Skepsis gegen die Technik; und nicht selten versteigt sich die Skepsis zu einer Dämonisierung der Technik, einer negativen Romantik, die sich aus einer Nostalgie und Restauration vorindustrieller Gesellschaftszustände speist. Die Fronten vertauschen sich. Der Kampf gegen Kernkraftwerke, gegen Autobahnen und für Naturschutzgebiete, gegen neue Flughäfen oder neue Landepisten eint die politisch Progressiven mit jenen Naturschützern, die ihrer politischen Herkunft nach konservativ sind.

Daß die Etikette des Konservativen und des Progressiven zur Beschreibung der gegenwärtigen Gesellschaftslage nicht allzuviel hergeben, belegt auch die »Neue Innerlichkeit«. Sie zeigt sich in der Literatur oder in jenem Rückzug, den die

Alternativen, die Aussteiger, die Verweigerer überall antreten. Von einer aktivistischen Politik übersättigt, wird die Politik in ihrem »Wesen« durchschaut: Sie ist nur zum geringen Teil Selbstzweck, weit mehr Mittel für anderes. Sie soll nämlich Lebensräume der Humanität und Selbstverwirklichung bereitstellen, und das Bereitstellen humaner Lebensräume darf nicht mit dem humanen Leben selbst verwechselt werden.

Wird in der Alternativenszene und der »Neuen Innerlichkeit« bloß zum Rückzug geblasen? Handelt es sich um Phänomene der Abkehr und Flucht oder aber um einen produktiven Gegenentwurf, also um Phänomene der Rettung? Statt den Marsch durch die Institutionen anzutreten, baut man biologisches Gemüse an oder trifft sich in Selbsterfahrungsgruppen. Man sucht nicht Macht, sondern entwickelt neue Lebensformen und läßt zugleich den anderen die bekannten Formen. Zumindest in kleinen Gruppen steuert man ein wenig auf Herrschaftslosigkeit zu, statt in den Fehler vieler politischer Revolutionen zu verfallen, durch Herrschaft die Herrschaft brechen zu wollen. Die neuen Versuche einfach dem progressiven oder dem konservativen Lager zuzuordnen, ist kaum möglich; sympathischer als die Versuche, eine Gegenherrschaft aufzubauen, sind sie allemal.

Ich breche meine aphoristischen Bemerkungen ab. Aus den unsystematischen Überlegungen folgt, daß wir uns viel zu rasch und leichtfertig auf die Konservativ-Progressiv-Etikette verlassen und den offenen Blick für die wirklichen Probleme versperren. Die Gefahren, die uns heute bedrohen, beginnen mit der gleichzeitigen Renaissance von Nostalgie und Utopie, einer Koalition von Einstellungen, die das Heil in der Vergangenheit oder aber der Zukunft sucht, statt sich den Aufgaben der Gegenwart zu stellen. Eine weitere Gefahr liegt im Überhandnehmen negativer Mehrheiten: In der Ablehnung bestimmter Politiken kann man sich einigen, ohne auch für konstruktive Gegenvorschläge eine Mehrheit zu finden. Aber nicht in allen Situationen ist ein Lassen des Status quo die bessere Entscheidung. Gefahr droht uns von einer immobilen Bürokratie, die unsere komplexen Gesellschaften nach zu groben Methoden verwaltet, ferner von der tendenziellen Oligarchie (da sich auf allen Ebenen der Politik viele Ämter und Aufgaben in wenigen Händen häufen) und ihrer Tendenz, die Macht der etablierten Gruppen: der Parteien, Wirtschaftsverbände, Gewerkschaften, Kirchen usw., zu stärken, den nichtorganisierten, vielleicht überhaupt schwer organisierbaren Interessen aber wenig Chancen zu lassen. Gefahren drohen schließlich von einem politischen System, das sich immer wieder als ein selbständig gewordenes Subsystem der Gesellschaft entpuppt und die politische Bedeutung der Wahlen aushöhlt.

Mit meiner Skepsis gegenüber der Erklärungs- und Orientierungskraft der pseudosakralen Kategorien des Konservativen und des Progressiven verbinde ich ein Votum für »wechselnde Koalitionen« im politischen Leben: Wer für die Erhaltung der Naturlandschaft eintritt, braucht nicht für oder gegen Kommunen und Konkubinat zu stimmen; wer biologische Landwirtschaft betreibt, muß sich nicht in der Friedensbewegung engagieren; wer Leben und Umwelt schützen will, braucht nicht jede Form der neuen Gentechnologie zu verwerfen; wer angesichts der bleibenden Arbeitslosigkeit die Wirtschaftsprobleme für vordringlich hält, muß nicht grundsätzlich der Ökonomie die Priorität einräumen.

Textnachweise

Statt einer Einleitung: Soll der Philosoph König sein? – Überarbeitete Fassung eines Vortrags. der am 7. Juni 1985 in Schloßwil anläßlich der Jahrestagung des Berner Anwaltsvereins gehalten wurde. Erstveröffentlichung.

Naturrecht ohne naturalistischen Fehlschluß: ein rechtsethisches Programm. – Überarbeitete Fassung eines Aufsatzes, der im *Archiv für Rechts- und Sozialphilosophie*, Suppl. I, H. 4 (1983) S. 391 bis 412, erschienen ist. Eine erste Fassung wurde am 18. Januar 1980 vor der Philosophischen Gesellschaft Klagenfurt vorgetragen und in den *Klagenfurter Beiträgen zur Philosophie* (Wien 1980) veröffentlicht.

Den Staat braucht selbst ein Volk von Teufeln: ein Dilemma der natürlichen Gerechtigkeit. – Überarbeitete Fassung eines Vortrags (Philosophisches Seminar der Freien Universität Berlin 1986, Universitäten Hamburg, Frankfurt a. M., Tübingen 1987). Erstveroffentlichung.

Minimalstaat oder Sozialrechte – eine Problemskizze. – Überarbeitete Fassung eines Aufsatzes in *Studia philosophica* 41 (1982) S. 91–114.

Pluralismus und Toleranz: zur Legitimation der Moderne. – Überarbeiteter Beitrag zum *Neuen Handbuch theologischer Grundbegriffe*, hrsg. von P. Eicher, Bd. 3, München 1985, S. 363–378.

Gibt es in der Geschichte einen Rechtsfortschritt? – Durchgesehene Fassung eines Aufsatzes, der erschienen ist in dem Sammelband *Fortschritt und Schöpfungsglaube oder die Machbarkeit des Glücks*, hrsg. von G. Blümle, Freiburg i. Br. 1984, S. 34–55. Eine erste Fassung wurde am 15. Oktober 1983 auf einer Tagung der Katholischen Akademie der Erzdiözese Freiburg i. Br. vorgetragen.

Anhang: Konservativ oder progressiv – wider eine zu einfache Alternative. – Überarbeitete und gekürzte Fassung eines Aufsatzes aus den *Stimmen der Zeit* 106 (1981) S. 795–812. Eine erste Fassung wurde während der Ottobeurer Studienwoche (4.–7. 8. 1981) vorgetragen.

Biographische Notiz

Otfried Höffe, geboren am 12. September 1943 in Leobschütz (Oberschlesien)

1950–62	Schulbesuch in Herzebrock (Westf.), Münster und Dortmund
1962–64	Wehrdienst
1964–70	Studium der Philosophie, Geschichte, Theologie und Soziologie in Münster, Tübingen, Saarbrücken und München
1970	Promotion zum Dr. phil.
1970/71	Visiting Scholar an der Columbia University in the City of New York
ab 1971	Wissenschaftlicher Assistent an der Universität München (bei Hermann Krings)
1976	Habilitation und Privatdozent für Philosophie an der Universität München
1977	Ordentlicher Professor für Philosophie an der Universität Duisburg
seit 1978	Professor für Ethik und Sozialphilosophie, Direktor des Internationalen Instituts für Sozialphilosophie und Politik sowie Lehrbeauftragter für Rechtsphilosophie an der Universität Freiburg (Schweiz)
1980/81	Mitglied des wissenschaftlichen Teams des Funkkollegs »Praktische Philosophie – Ethik« der deutschen Rundfunkanstalten
1983	Senior Lecturer beim Summer Institute »Kantian Ethical Thought« des American Council for Philosophical Studies
1985/86	Wissenschaftliches Mitglied (Fellow) am Wissenschaftskolleg zu Berlin

Gastdozenturen an den Universitäten Basel, Bern, Klagenfurt, St. Gallen, Zürich und der Eidgenössischen Technischen Hochschule Zürich

Veröffentlichungen von Otfried Höffe

Selbständige Publikationen

Praktische Philosophie – Das Modell des Aristoteles. München: Anton Pustet, 1971.
Strategien der Humanität. Zur Ethik öffentlicher Entscheidungsprozesse. Freiburg i. Br. / München: Alber, 1975. Frankfurt a. M.: Suhrkamp, 1985. (stw 540.)
Ethik und Politik. Grundmodelle und -probleme der praktischen Philosophie. Frankfurt a. M.: Suhrkamp, 1979. [3]1987. (stw 266.)
Naturrecht (Vernunftrecht) ohne naturalistischen Fehlschluß. Ein rechtsphilosophisches Programm. Wien: Verband der wissenschaftlichen Gesellschaften Österreichs, 1980.
Sittlich-politische Diskurse. Philosophische Grundlagen – politische Ethik – biomedizinische Ethik. Frankfurt a. M.: Suhrkamp, 1981. (stw 380.)
Immanuel Kant. Leben, Werk, Wirkung. München: C. H. Beck, 1983. 2. durchges. Aufl. 1988.
Introduction à la philosophie pratique de Kant. La morale, le droit, l'histoire et la religion. Albeuve (Schweiz): Castella, 1985.
Politische Gerechtigkeit. Grundlegung einer kritischen Philosophie von Recht und Staat. Frankfurt a. M.: Suhrkamp, 1987.

Zahlreiche Übersetzungen dieser Bücher ins Französische, Italienische, Spanische und Japanische.

Herausgeber (Auswahl)

Einführung in die utilitaristische Ethik. Klassische und zeitgenössische Texte. München: C. H. Beck, 1975.
Lexikon der Ethik. München: C. H. Beck, 1977. 3., neubearb. Aufl. 1985.
Über John Rawls' Theorie der Gerechtigkeit. Theorie-Diskussion. Frankfurt a. M.: Suhrkamp, 1977. Sonderausg. 1987.
Klassiker der Philosophie. Bd. 1: Von den Vorsokratikern bis David Hume. Bd. 2: Von Immanuel Kant bis Jean-Paul Sartre. München: C. H. Beck, 1981. 2., verb. Aufl. 1985.

Reihe »Große Denker« im Rahmen der Beck'schen Schwarzen Reihe, ab 1988: Beck'sche Reihe, München: C. H. Beck, 1980 ff.
Thomas Hobbes: Anthropologie und Staatsphilosophie. Freiburg (Schweiz): Universitätsverlag, 1981.

Paradigmes de Théologie Philosophique. Freiburg (Schweiz): Universitätsverlag, 1983. (Mitherausgeber.)
Zeitschrift für philosophische Forschung (seit 1977; 1978–88 Mitherausgeber).

Deutsche Philosophie des 20. Jahrhunderts

IN RECLAMS UNIVERSAL-BIBLIOTHEK

Theodor W. Adorno, Philosophie und Gesellschaft. Fünf Essays. Auswahl und Nachwort von Rolf Tiedemann. 8005 [2]
Hans Albert, Kritische Vernunft und menschliche Praxis. 9874 [2]
Werner Becker, Elemente der Demokratie. 8009 [2]
Dieter Birnbacher, Verantwortung für zukünftige Generationen. 8447 [4] – auch geb.
Hans Blumenberg, Wirklichkeiten, in denen wir leben. 7715 [2]
Rüdiger Bubner, Zur Sache der Dialektik. 4 Aufsätze. 9974 [2]
Hans Ebeling, Freiheit, Gleichheit, Sterblichkeit. Philosophie nach Heidegger. 7776 [2]
Iring Fetscher, Arbeit und Spiel. Essays zur Kulturkritik und Sozialphilosophie. 7979 [2]
Kurt Flasch, Augustin. Einführung in sein Denken. 9962 [5] – Das philosophische Denken im Mittelalter. Von Augustin bis Machiavelli. 8342 [8] (auch geb.)
Hans-Georg Gadamer, Die Aktualität des Schönen. Kunst als Spiel, Symbol und Fest. 9844
Volker Gerhardt, Pathos und Distanz. Studien zur Philosophie Friedrich Nietzsches. 8504 [3]
Jürgen Habermas, Politik, Kunst, Religion. 9902 [2]
Rudolf Haller, Facta und Ficta. Studien zu ästhetischen Grundlagenfragen. 8299 [2]
Nicolai Hartmann, Der philosophische Gedanke und seine Geschichte. Nachwort von Ingeborg Heidemann. 8538 [3]
Martin Heidegger, Der Ursprung des Kunstwerkes. Mit einer Einführung von Hans-Georg Gadamer. 8446 [2]
Werner Heisenberg, Quantentheorie und Philosophie. Vorlesungen und Aufsätze. Hrsg. Jürgen Busche. 9948 [2]
Dieter Henrich, Selbstverhältnisse. Gedanken und Auslegungen zu den Grundlagen der klassischen Philosophie. 7852 [2]
Otfried Höffe, Den Staat braucht selbst ein Volk von Teufeln. Philosophische Versuche zur Rechts- und Staatsethik. 8507 [2]
Edmund Husserl, Die phänomenologische Methode. Ausgewählte Texte I. Hrsg. von Klaus Held. 8084 [4] – Phänomenologie der Lebenswelt. Ausgewählte Texte II. Hrsg. von Klaus Held. 8085 [4]

Roman Ingarden, Über die Verantwortung. 8363 [2]
Karl Jaspers, Über Bedingungen und Möglichkeiten eines neuen Humanismus. 3 Vorträge. Nachwort von Kurt Rossmann. 8674
Bernulf Kanitscheider, Kosmologie. Geschichte und Systematik in philosophischer Perspektive. 8025 [6]
Hans Lenk, Pragmatische Vernunft. Philosophie zwischen Wissenschaft und Praxis. 9956 [2]
Paul Lorenzen, Theorie der technischen und politischen Vernunft. 9867 [2]
Hermann Lübbe, Praxis der Philosophie. Praktische Philosophie. Geschichtstheorie. 9895 [2]
Odo Marquard, Abschied vom Prinzipiellen. Philosophische Studien. 7724 [2] – Apologie des Zufälligen. Philosophische Studien. 8351 [2]
Gottfried Martin, Einleitung in die allgemeine Metaphysik. 8961 [2]
Günther Patzig, Tatsachen, Normen, Sätze. 9986 [2]
Manfred Riedel, Norm und Werturteil. Grundprobleme der Ethik. 4 Aufsätze. 9958 [2]
Alfred Schmidt, Kritische Theorie, Humanismus, Aufklärung. Philosophische Arbeiten 1969–1979. 9977 [2]
Walter Schulz, Vernunft und Freiheit. Aufsätze und Vorträge. 7704 [2]
Robert Spaemann, Philosophische Essays. 7961 [2]
Wolfgang Stegmüller, Rationale Rekonstruktion von Wissenschaft und ihrem Wandel. 9938 [2]
Ulrich Steinvorth, Stationen der politischen Theorie. Hobbes, Locke, Rousseau, Kant, Hegel, Marx, Weber. 7735 [5]
Ernst Tugendhat, Probleme der Ethik. 8250 [2]
Ernst Tugendhat / Ursula Wolf, Logisch-semantische Propädeutik. 8206 [3]
Friedrich Waismann, Logik, Sprache, Philosophie. Vorrede von Moritz Schlick. Hrsg. von Gordon Baker, Brian McGuinness und Joachim Schulte. 9827 [8] – Wille und Motiv. Zwei Abhandlungen über Ethik und Handlungstheorie. Hrsg. von Joachim Schulte. 8208 [3]
Carl Friedrich von Weizsäcker, Ein Blick auf Platon. Ideenlehre, Logik und Physik. 7731 [2]

Philipp Reclam jun. Stuttgart